기초를 다지는

입문

회계원리

김갑수 지음

멘토르스쿨

| 저자 약력 |

호서대학교 경영학과 졸업
단국대학교 경영대학원 졸업(경영학 석사)
중등학교2급 정교사(상업)
(현) 대명컴퓨터회계학원장
(현) 신성대학교 외래교수

| 저서 |

기초를 다지는 회계원리 입문, 멘토르스쿨
처음부터 시작하는 회계원리, 멘토르스쿨
전산회계운용사 3급 필기, 멘토르스쿨
전산회계운용사 3급 실기, 멘토르스쿨
정리가잘된 재무회계, 멘토르스쿨
정리가잘된 원가회계, 멘토르스쿨
전산회계운용사 2급 필기, 멘토르스쿨
전산회계운용사 2급 실기, 멘토르스쿨

ERP정보관리사 회계 2급 나눔A&T
ERP정보관리사 회계 1급 나눔A&T
ERP정보관리사 인사 2급 나눔A&T
ERP정보관리사 인사 1급 나눔A&T
ERP정보관리사 물류 2급 나눔A&T
ERP정보관리사 물류 1급 나눔A&T
ERP정보관리사 생산 2급 나눔A&T
ERP정보관리사 생산 1급 나눔A&T

기초를 다지는 회계원리 입문

13판 1쇄 발행 2024년 2월 28일

지은이 : 김갑수
펴낸이 : 김경용
펴낸곳 : 멘토르스쿨
표지디자인 : 김희정
편집디자인 : 디자인통
일러스트 : 박수영

등록 : 2011. 03. 02 제 321-2011-000042호
주소 : 서울시 관악구 대학동 546
　　　　　미림여자정보과학고등학교 內 교내기업실
전화 : 02-876-6684
팩스 : 02-876-6683
내용문의 : kykim0432@hanmail.net

ISBN 979-11-89000-57-8 13000

가격 : 10,000원

ⓒ2014 멘토르스쿨
http://www.mtrschool.co.kr

회계를 처음 접하는 분들도 어려움 없이 공부할 수 있기를 바라며 이 책을 집필하였습니다. 구성상의 특징은 다음과 같습니다.

• 회계에서 가장 기본이 되는 자산·부채·자본·수익·비용의 분류와 회계의 생명인 분개를 중점으로 학습할 수 있도록 구성하였습니다.
• 회계 순환 과정에 따라 학습할 수 있도록 목차를 구조화하였습니다.
• 이론 정리 다음에 기본문제와 검정문제를 차례로 배치하여, 단계적으로 실력을 향상하며 시험에 대비할 수 있게 하였습니다.
• 반드시 암기해야 하는 내용은 '멘토 노트'에 따로 정리해 두었습니다.
• 현재 시행되는 기업회계기준서를 충실히 반영하였습니다.

이 책이 수험생 여러분께 좋은 지침서가 될 것을 확신하며, 여러분의 앞날에 합격의 영광이 있기를 기원합니다.

최대한 오류가 없도록 노력하였습니다만, 미처 발견하지 못한 오탈자나 오류가 있다면 정오표를 작성하여 mtrschool.co.kr의 [정오표]에 올려놓겠습니다. 부족한 부분은 수험생 여러분의 격려와 충고를 통해 계속 보완해나갈 것을 약속드립니다.

끝으로 본 서적이 나올 수 있도록 많은 협조를 하여주신 관계자 모든 분에게 감사드립니다.

저자 김갑수

■ 2019년 주요 개정 내용

No.	개정 전	개정 후	실제 사용하는 계정과목
①	단기매매금융자산	당기손익-공정가치측정 금융자산	당기손익 금융자산
②	매도가능금융자산	기타포괄손익-공정가치측정 금융자산	기타포괄손익 금융자산
③	만기보유금융자산	상각후원가측정 금융자산	상각후원가 금융자산

차 례

Memo

제1장

회계의 개념

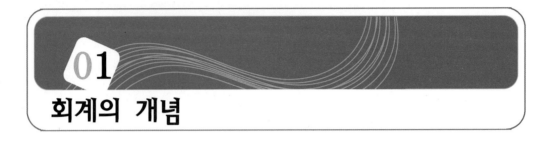

01 회계의 개념

1 회계의 뜻 · 목적 · 분류

(1) 회계의 뜻

회계(accounting)는 괴기부터 현재에 이르기까지 사회·경제 현상의 일부로 발전하여 왔고, 또한 사회·경제 현상과 함께 발전하는 특성이 있기 때문에 시대의 변화에 따라 회계에 대한 정의도 달라진다. 과거의 회계는 단순히 기업의 경제적 활동과 관련된 거래나 사건을 화폐로 측정, 기록, 계산, 정리하고, 이를 해석하는 데 중점을 두었다. 즉, 경영자가 자본제공자(소유주)에게 경영 성과를 보고하는 것이 주된 목적이었다. 그러나 사회·경제 현상이 복잡해지고 정보의 중요성이 두드러지면서 회계의 역할도 변화하였다. 오늘날에 와서 회계는 기업의 이해 관계자들이 자원 배분에 관한 합리적인 의사결정을 할 수 있도록 기업 실체의 경제적 활동을 화폐로 측정, 기록하고, 이에 관한 정보를 요약수집하여 전달하는 정보 시스템으로 정의되고 있다.

(2) 회계의 목적

① 기업의 모든 이해관계자에게 의사결정에 유용한 회계정보를 제공한다.

② 현금 흐름의 크기·시기·불확실성을 평가하는 정보를 제공한다.

③ 경제적 자원 및 청구권과 변동에 관한 정보를 제공한다.

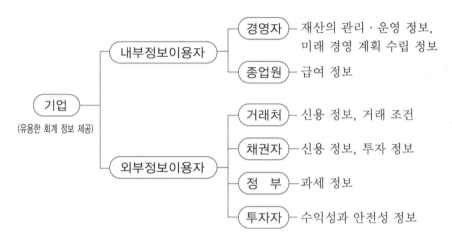

(3) 회계의 분류

① **재무회계** : 기업의 외부정보이용자(거래처, 채권자, 정부, 투자자)에게 경제적 의사결정에 유용한 정보를 제공하기 위한 회계이다. 기업의 투자 및 신용평가에 유용한 정보, 미래 기업의 현금흐름 전망을 평가하는 데 유용한 정보, 경제적 자원과 재무적 성과 등 기업에 관한 유용한 정보를 제공한다.

② **관리회계** : 기업의 내부정보이용자(경영진, 종업원)에게 관리적 의사결정에 유용한 회계정보를 제공하는 회계이다. 기업회계에서 인정된 회계원칙의 지배를 받지 않고, 화폐뿐만 아니라 비화폐적인 정보도 포함하며, 기준이나 원칙이 없고, 정확성보다 적시성이 강조된다.

2 부기의 뜻·목적·분류

(1) 부기의 뜻

부기(book keeping) '장부기장'의 약자로 일정한 원리원칙에 따라 기업의 자산·부채·자본의 증감 변화를 기록·계산·정리하는 기술적인 측면만을 말한다.

(2) 부기의 목적

(가) 주목적

① 일정시점의 재무상태 파악
② 일정기간의 경영성과 파악

(나) 부목적

① 경영자에게 장래 경영방침 수립 자료 제공
② 투자자와 채권자에게 유용한 자료 제공
③ 정부의 과세 자료 제공
④ 소송이나 분쟁 시에 증거 자료 제공

(3) 부기의 분류

(가) 기록·계산 방법에 따른 분류

① 단식부기 : 일정한 원리원칙 없이 현금의 수입과 지출만을 장부에 기록·계산하기 때문에 자기검증능력이 없는 불완전한 부기이다.
② 복식부기 : 일정한 원리원칙에 의해 자산·부채·자본의 증감 변화를 조직적으로 기록·계산·정리하는 완전한 부기로 오류를 자동으로 발견할 수 있는 자기검증능력이 있다.

(나) 영리성 유무에 따른 분류

① **영리부기** : 영리를 목적으로 사업을 하는 기업에서 사용하는 부기로서 상업부기, 공업부기, 은행부기, 농업부기 등이 있다.

② **비영리부기** : 영리를 목적으로 하지 않는 단체 등에서 사용하는 부기로서 이익을 계산하지 않는 것이 특징으로, 가계부기, 학교부기, 재단부기, 관청부기 등이 있다.

> **부기의 기원**
> 우리나라에는 고려 말기(12세기경)에 개성상인을 중심으로 사개송도치부법(송도부기=개성부기)이 있었고, 일반적으로 인정하고 있는 부기의 기원은 1494년 이탈리아 수학자이며 승려였던 루카파치올리(Lucas pacioli)의 저서인 《산술, 기하, 비 및 비례 총람(summa)》에 소개되어 있다.

3 회계단위와 회계기간

(1) 회계단위(회계범위)

회계에서 기업의 자산·부채·자본의 증감 변화를 기록·계산하기 위한 장소적 범위로 한 기업에 하나의 회계단위가 원칙이지만 영업상 본점과 지점, 본사와 공장으로 구별할 수도 있다.

(2) 회계연도(회계기간)

기업의 재무상태와 경영성과를 기록·계산하기 위하여 인위적으로 구분한 기간적(시간적) 범위를 말하며, 상법상 1년을 초과하지 못하도록 규정하고 있다.

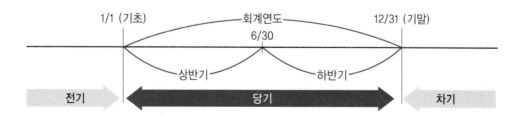

■ 회계연도 용어해설

① 전기 : 직전 회계연도
② 당기 : 현재 회계연도
③ 차기 : 다음 회계연도
④ 기초 : 회계연도가 처음 시작하는 날
⑤ 기말 : 회계연도가 끝나는 날
⑥ 상반기(전반기) : 회계연도의 앞부분
⑦ 하반기(후반기) : 회계연도의 뒷부분

 멘토 노트

- 회계의 목적 : 모든 이해관계자에게 유용한 회계정보 제공
- 재무회계 : 외부용
- 관리회계 : 내부용
- 회계단위 : 장소적 범위
- 회계연도 : 시간(기간)적 범위

우리나라 기업회계기준의 구조	
기업회계기준	적용 범위와 효력
한국채택 국제회계기준(K-IFRS)	'주식회사의 외부 감사에 관한 법률'을 적용대상기업 중 주권 상장 법인과 이를 자발적으로 선택한 기업
일반 기업회계기준	'한국채택국제회계기준'을 적용하지 않는 비상장 기업
특수분야 회계기준	관련 기준서에서 별도로 정하는 기업

기본문제 ①

01 다음 ( ) 안에 알맞은 말을 보기에서 골라 문자로 써 넣으시오.

① 재무회계	② 차기	③ 단식부기	④ 전기
⑤ 기말	⑥ 비영리부기	⑦ 회계단위	⑧ 영리부기
⑨ 관리회계	⑩ 회계연도	⑪ 기초	⑫ 복식부기
⑬ 회계정보	⑭ 당기	⑮ 이해관계자	

(1) 회계는 기업의 모든 (   )에게 의사결정을 위한 유용한
(   )를 제공한다.

(2) 회계를 정보 이용자에 따라 분류하면 외부보고 목적의 (   )와 내부보
고 목적의 (   )가 있다.

(3) 부기는 기업의 경영활동을 기록·계산하는 방법에 따라 (   )와
(   )로 구분한다.

(4) 부기는 기업의 영리성 유무에 따라 (   )와 (   )로 나눈다.

(5) 회계에서 자산·부채·자본의 변화를 기록·계산하기 위한 장소적 범위를
(   )라 한다.

(6) 기업의 경영성과 재무상태를 명백히 파악하기 위하여 인위적으로 설정하는
기간을 (   )라 한다.

(7) 회계기간 중에 영업을 시작하는 시점을(   )라고 하고, 영업을 끝마치
는 시점을 (   )이라 한다.

(8) 앞의 회계연도를 (   )라 하고, 현재 회계연도를 (   )라
하며, 다음 회계연도를 (   )라 한다.

02 영리부기이면 '영'을, 비영리부기이면 '비'를 ( ) 안에 써 넣으시오.

(1) 상업부기 (   )   (2) 학교부기 (   )   (3) 가계부기 (   )

(4) 공업부기 (   )   (5) 은행부기 (   )   (6) 재단부기 (   )

(7) 관청부기 (   )   (8) 농업부기 (   )   (9) 교회부기 (   )

검정문제 ①

01 다음 중 회계의 궁극적인 목적으로 가장 적합한 것은?

① 회계담당자에게만 정보를 제공한다.

② 자산·부채·자본의 증감변화를 장부에 기록·계산하여 정리한다.

③ 기업의 모든 이해관계자에게 의사결정을 위한 유용한 회계정보를 제공한다.

④ 기업의 소유주인 주주를 위해 기업의 경제적 사실을 화폐로 측정하여 보고한다.

02 기업의 다음 이해관계자 중 내부정보이용자는 누구인가?

① 정부   ② 채권자(은행)

③ 거래처   ④ 경영진

03 다음 중 영리부기에 해당하는 것은?

① 가계부기   ② 상업부기

③ 학교부기   ④ 관청부기

04 다음 (   ) 안에 들어갈 적당한 말을 순서대로 적은 것은?

> 회계의 주체인 기업이 소유하고 있는 재산 및 자본의 증감변화를 기록, 계산하기 위한 장소적 범위를 (   )(이)라 하고, 인위적으로 설정한 기간적 범위를 (   )(이)라 한다.

① 회계단위, 회계연도   ② 회계연도, 회계단위

③ 본사, 공장   ④ 기초, 기말

05 다음 중 재무회계의 특성으로 볼 수 없는 것은 어느 것인가?

① 정형화된 일정한 양식에 의하여 작성한다.

② 정기적으로 회계보고서를 작성하여 제공한다.

③ 측정 가능한 미래지향적 정보를 제공한다.

④ 일반적으로 인정된 회계원칙을 준수한다.

제2장

기업의 재무상태와 재무상태표

02 기업의 재무상태와 재무상태표

1 자산의 뜻

자산(assets ; A)은 과거의 거래나 사건의 결과로 만들어져서 현재 기업실체에 의해 지배되고 미래에 경제적 효익을 창출할 것으로 기대되는 자원을 말한다.

2 자산의 종류

현금, 당좌예금, 보통예금(현금및현금성자산),
단기금융상품, 단기매매증권, 단기대여금(단기투자자산)
외상매출금, 받을어음(매출채권),
선급금, 선급비용, 미수금, 미수수익,
상품, 소모품, 건물, 기계장치, 구축물,
비품, 토지, 차량운반구 등

자산의 종류	내 용
(1) 현　　　　　금	통화 및 통화대용 증권
(2) 당 좌 예 금	당좌수표를 발행할 수 있는 예금
(3) 보 통 예 금	수시로 입금이나 출금이 가능한 예금
(4) [현금및현금성자산]	현금·당좌예금·보통예금을 합한 것
(5) 단 기 금 융 상 품	만기가 1년 이내인 정기예금·정기적금
(6) 단 기 매 매 증 권	단기자금운용을 목적으로 시장성 있는 국채·사채·공채·주식 등을 구입한 경우
(7) [단 기 투 자 자 산]	단기금융상품, 단기매매증권, 단기대여금을 합한 것
(8) 단 기 대 여 금	1년 내 회수 조건으로 금전을 빌려준 것
(9) 외 상 매 출 금	상품을 외상으로 매출한 경우의 채권

(10) 받 을 어 음	상품 값으로 어음을 받은 경우의 채권
(11) [매 출 채 권]	외상매출금과 받을어음을 합한 것
(12) 선 급 금	상품 계약금(착수금)을 지급
(13) 선 급 비 용	결산시 계상되는 차기의 비용을 먼저 준 것 (선급보험료, 선급임차료 등)
(14) 미 수 금	상품이 아닌 물건을 매각(처분)하고 대금을 나중에 받기로 한 경우 발생한 채권
(15) 미 수 수 익	결산시 계상되는 당기의 수익을 못 받은 것 (미수임대료, 미수이자 등)
(16) 상 품	판매를 목적으로 매입한 물품
(17) 저 장 품 (소 모 품)	아직 사용하지 않은 사무용품 등
(18) 건 물	영업용 사무실, 창고, 기숙사, 공장 등
(19) 기 계 장 치	영업이나 생산 활동에 사용하는 기계와 부속설비
(20) 구 축 물	교량, 궤도, 갱도, 정원설비 및 기타의 토목설비 또는 공작물 등
(21) 토 지	영업용으로 구입한 땅
(22) 차 량 운 반 구	영업용으로 구입한 화물차, 승합차, 승용차, 지게차, 오토바이 등
(23) 비 품	영업용으로 구입한 책상, 의자, 컴퓨터, 복사기 등

※ 한국채택국제회계기준 제1109호 '금융상품' 에서는 종전의 '단기매매금융자산' 을 '당기손익-공정가
치측정 금융자산' 으로 변경되었는데 본 서에서는 '당기손익금융자산' 으로 표시한다. 【2018.01.01.
부터적용】

■ 자산
① 재화 : 기업이 소유하고 있는 화폐나 물품(현금, 상품, 건물, 비품 등)
② 채권 : 기업이 타인으로부터 받을 권리(외상매출금, 받을어음, 대여금, 미수금 등)

3 부채의 뜻

부채(liabilities ; L)는 과거의 거래나 사건의 결과로 현재 기업실체가 부담하고 있고 미래에 자원의 유출 또는 사용이 예상되는 의무이다.

4 부채의 종류

단기차입금, 외상매입금, 지급어음(매입채무),
선수금, 선수수익, 미지급금, 미지급비용, 예수금 등

부채의 종류	내 용
(1) 단 기 차 입 금	1년 내 지급조건으로 금전을 빌려온 것
(2) 외 상 매 입 금	상품을 외상으로 매입한 채무
(3) 지 급 어 음	상품 값으로 어음을 지급한 경우의 채무
(4) [매 입 채 무]	외상매입금과 지급어음을 합한 것
(5) 선 수 금	상품 계약금(착수금)을 받음
(6) 선 수 수 익	결산시 차기의 수익을 먼저 받은 것(선수임대료, 선수이자 등)
(7) 미 지 급 금	상품이 아닌 물건을 구입하고, 대금은 나중에 주기로 한 경우
(8) 미 지 급 비 용	결산시 계상되는 비용의 미지급분(미지급임차료, 미지급이자 등)
(9) 예 수 금	일반적 상거래 외에 발생한 일시적 보관액

▌차변과 대변

회계에서 왼쪽을 차변(debtor ; Dr)이라 하고, 오른쪽을 대변(creditor ; Cr)이라 한다.

멘토 노트

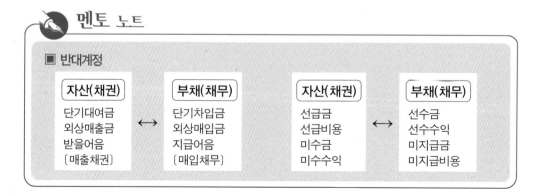

5 자본의 뜻

자본(capital ; C)은 기업실체의 자산총액에서 부채총액을 차감한 잔여액, 또는 순자산으로서 기업실체의 자산에 대한 소유주의 잔여청구권(주주지분, 자기자본)이다.

자본 등식	자산(A) − 부채(L) = 자본(C)

6 자본의 종류

자본금 등

자본의 종류	내 용
(1) 자 본 금	자산총액에서 부채총액을 차감한 잔액(자기자본)

7 재무상태표

재무상태표(Statement of Financial Position ; F/P)는 일정 시점 현재 기업이 보유하고 있는 경제적 자원인 자산과 경제적 의무인 부채, 그리고 자본에 대한 정보를 제공하는 재무보고서로서, 정보이용자들이 기업의 유동성, 재무적 탄력성, 수익성과 위험 등을 평가하는 데 유용한 정보를 제공한다.

재 무 상 태 표

| 대명상점 | 20××년 1월 1일 현재 | (단위 : 원) |

자　　　　　산	금　　　액	부　채　·　자　본	금　　　액
현금 및 현금성자산	50,000	단 기 차 입 금	50,000
단 기 대 여 금	30,000	매 입 채 무	150,000
매 출 채 권	120,000	자 본 금	250,000
상　　　　　품	70,000		
건　　　　　물	180,000		
	450,000		450,000

재무상태표 등식	자산(A) = 부채(L) + 자본(C)

▌재무상태표 작성 시 통합계정 표시
① 현금, 당좌예금, 보통예금 등을 합하여 [현금 및 현금성자산]으로 표시한다.
② 단기금융상품, 단기매매증권, 단기대여금을 합하여 [단기투자자산]으로 표시한다.
③ 외상매출금, 받을어음을 합하여 [매출채권]으로 표시한다.
④ 외상매입금, 지급어음을 합하여 [매입채무]로 표시한다.

8 재무상태표에 의한 당기순손익의 계산

회계연도 초의 기초자본보다 회계연도 말의 기말자본이 증가하면 당기순이익이라 하고, 회계연도 초의 기초자본보다 회계연도 말의 기말자본이 감소하면 당기순손실이라 하며 이것을 계산하는 것을 재산법이라 한다. 그리고 당기순손익이란 당기순이익 또는 당기순손실을 말한다.

(1) 기초재무상태표

재 무 상 태 표

기초자산	10,000	기초부채	4,000
		기초자본	6,000

기초재무상태표등식	기초자산 = 기초부채 + 기초자본

(2) 기말재무상태표(당기순이익 발생시)

재 무 상 태 표

기말자산	15,000	기말부채		6,000
		기말자본 9,000	기초자본금	6,000
			당기순이익	3,000

기말재무상태표등식	기말자산 = 기말부채 + 기초자본 + 당기순이익 기말자산 = 기말부채 + 기말자본

(3) 기말재무상태표(당기순손실 발생시)

재 무 상 태 표

기말자산	12,000	기말부채		8,000
		기말자본 4,000	기초자본금	6,000
			당기순손실	△2,000

재 산 법	기말자본 － 기초자본 = 당기순이익
	기초자본 － 기말자본 = 당기순손실

 멘토 노트

- 재무상태표 : 일정시점의 재무상태
- 기초자산 – 기초부채 = 기초자본 (자본 등식)
- 기말자산 – 기말부채 = 기말자본 (자본 등식)
- 기말자본 – 기초자본 = 순손익　(재산법)

01 다음 ( ) 안에 알맞은 말을 써 넣으시오.

(1) 기업이 소유하고 있는 각종 재화와 채권을 (　　　　)이라 한다.

(2) 기업이 장래에 타인에게 일정한 금액을 지급해야 할 채무를 (　　　　)라 한다.

(3) 기업의 자산총액에서 부채총액을 차감한 잔액을 (　　　) 또는 순자산이라 한다.

(4) 회계에 있어서 장부기록의 왼쪽을 (　　　)변, 오른쪽을 (　　　)변이라 한다.

(5) 일정시점 기업의 재무상태를 나타내는 일람표를 (　　　　　　)라 한다.

(6) 자본 등식은 (　　　　　) ‐ (　　　　　) = (　　　　　)

(7) 재무상태표 등식은 (　　　　) = (　　　　) + (　　　　)

(8) 재산법은 (　　　　　) ‐ (　　　　　) = 순이익

　　　　　　(　　　　　) ‐ (　　　　　) = 순손실

02 다음의 계정과목을 자산, 부채, 자본으로 구분하시오.

(1) 현　　　　금 (　　　)　　(2) 당 좌 예 금 (　　　)

(3) 보 통 예 금 (　　　)　　(4) 지 급 어 음 (　　　)

(5) 단 기 매 매 증 권 (　　　)　　(6) 단 기 차 입 금 (　　　)

(7) 차 량 운 반 구 (　　　)　　(8) 외 상 매 출 금 (　　　)

(9) 미 지 급 금 (　　　)　　(10) 받 을 어 음 (　　　)

(11) 선　　급　　금 (　　　)　　(12) 선　　수　　금 (　　　)

(13) 미　　수　　금 (　　　)　　(14) 상　　　　품 (　　　)

(15) 예　　수　　금 (　　　)　　(16) 단 기 대 여 금 (　　　)

(17) 자　　본　　금 (　　　)　　(18) 외 상 매 입 금 (　　　)

(19) 건　　　　물 (　　　)　　(20) 비　　　　품 (　　　)

03 다음 자산 또는 부채의 반대 계정과목을 기입하시오.

(1) 외상매출금 ⇔ (   ) (2) (   ) ⇔ 지 급 어 음

(3) 매 출 채 권 ⇔ (   ) (4) 단기대여금 ⇔ (   )

(5) (   ) ⇔ 선 수 금 (6) 미 수 금 ⇔ (   )

(7) (   ) ⇔ 장기차입금

04 다음 표의 빈 칸에 알맞은 금액을 써 넣으시오.

상 점	자 산	부 채	자 본
남해상점	₩5,000,000	₩3,000,000	(₩)
동해상점	₩250,000	(₩)	₩150,000
서해상점	(₩)	₩430,000	₩270,000

05 다음 자료에 의하여 자산총액, 부채총액, 자본총액을 구하시오.

현 금	₩100,000	외상매입금	₩50,000	보 통 예 금	₩30,000
외상매출금	20,000	건 물	200,000	미 지 급 금	70,000
지 급 어 음	80,000	받 을 어 음	50,000	미 수 금	40,000
상 품	25,000	단기차입금	100,000	단기매매증권	35,000

(1) 자산총액 (₩   )

(2) 부채총액 (₩   )

(3) 자본총액 (₩   )

06 다음 대명상점의 자료로 기초재무상태표를 작성하시오.

현 금 ₩5,000	단 기 매 매 증 권 ₩6,000	외 상 매 출 금 ₩8,500
받 을 어 음 3,000	상 품 4,000	건 물 2,500
외 상 매 입 금 7,000	지 급 어 음 5,000	단 기 차 입 금 4,000
예 수 금 1,000		

재 무 상 태 표

대명상점	20××년 1월 1일 현재		(단위 : 원)
자 산	금 액	부채·자본	금 액

07 다음 호서상점의 자료로 20XX년 1월 1일에 재무상태표를 작성하시오.

현 금 ₩30,000	당 좌 예 금 ₩15,000	외 상 매 출 금 ₩10,000
받 을 어 음 3,000	단 기 대 여 금 12,000	상 품 10,000
기 계 장 치 30,000	단 기 차 입 금 12,000	외 상 매 입 금 15,000
지 급 어 음 5,000	미 지 급 금 8,000	

재 무 상 태 표

호서상점	20××년 1월 1일 현재		(단위 : 원)
자 산	금 액	부채·자본	금 액

08 다음 대진상점의 20××년 1월 1일의 재무상태로 재무상태표를 작성하고, 매입채무를 구하시오.

현금 및 현금성자산 ₩850,000	단 기 대 여 금 ₩300,000	매 출 채 권 ₩500,000
미 수 금 600,000	상 품 250,000	건 물 400,000
단 기 차 입 금 420,000	매 입 채 무 ( )	미 지 급 금 400,000
예 수 금 380,000	자 본 금 1,200,000	

재 무 상 태 표

대진싱점		20××년 1월 1일 현재		(단위 : 원)
자　　　산	금　　액	부채·자본	금　　액	

09 다음 조선상회의 자료로 20XX년 1월 1일에 재무상태표를 작성하고, 상품을 구하시오.

선 수 금 ₩300,000	보 통 예 금 ₩300,000	단기차입금 ₩240,000
받 을 어 음 60,000	단 기 대 여 금 240,000	상 품 ( )
미 수 금 600,000	외 상 매 출 금 200,000	현 금 600,000
지 급 어 음 100,000	미 지 급 금 160,000	자 본 금 1,400,000

재 무 상 태 표

조선상회		20××년 1월 1일 현재		(단위 : 원)
자　　산	금　　액	부재·자본	금　　액	

10 다음 재무상태표의 (   ) 안에 알맞은 금액을 채우시오.

재 무 상 태 표

| 백제상점 | 20××년 1월 1일 현재 | (단위 : 원) |

자 산 ( )	부 채 1,400,000
3,000,000	자 본 금 ( )
	( )

재 무 상 태 표

| 백제상점 | 20××년 12월 31일 현재 | (단위 : 원) |

자 산 5,000,000	부 채 2,500,000
	자 본 금 ( )
( )	( ) ( )
	( ) ( )

11 다음 등식을 완성하시오.

(1) 기 초 자 산 ― (   ) = (   )

(2) (   ) ― 기 말 부 채 = (   )

(3) (   ) ― (   ) = 순이익 (△순손실)

(4) 기 말 자 산 = (   ) + 기초자본 + (   )

12 다음 표의 빈 칸에 알맞은 금액을 써 넣으시오. (단, △표는 순손실임)

No	기 초			기 말			순손익
	자산	부채	자본	자산	부채	자본	
(1)	90,000	60,000	(①)	162,000	120,000	(②)	(③)
(2)	24,000	(④)	4,000	(⑤)	24,000	(⑥)	8,000
(3)	(⑦)	17,600	21,400	68,000	28,000	(⑧)	(⑨)
(4)	230,000	(⑩)	(⑪)	(⑫)	33,600	75,600	△24,000

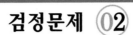

검정문제 02

01 회계상 자산, 부채, 자본에 관한 설명 중 틀린 것은?

① 기업이 소유하고 있는 재화와 채권을 자산이라 한다.

② 기업이 장래에 갚아야 할 채무를 부채라 한다.

③ 자산과 부채를 합한 것을 자본이라 한다.

④ 재무상태란 자산, 부채, 자본을 말하며 이는 재무상태표 기본 구성요소이다.

02 다음 중 자산계정에 속하지 않는 것은?

① 외상매출금   ② 단기매매증권

③ 지급어음   ④ 현금

03 다음 중 부채가 아닌 것은?

① 미수금   ② 외상매입금

③ 단기차입금   ④ 예수금

04 다음 항목 분류의 연결 중 틀린 것은?

① 현금 - 자산   ② 미지급금 - 부채

③ 단기대여금 - 자산   ④ 외상매입금 - 자산

05 기업의 재무상태를 나타내는 회계요소만으로 짝지어진 것은?

① 자산·부채·자본   ② 자산·수익·비용

③ 부채·자본·비용   ④ 자산·자본·비용

06 다음 중 부채 계정으로만 제시된 것은?

① 선급금, 선수금   ② 미지급금, 미수금

③ 선급금, 미수금   ④ 선수금, 미지급금

07 다음은 20XX년 12월 31일(결산일) 갤러리아 상점의 자료이다. 자료를 이용하여 20XX
년 12월 31일의 자본금을 구하면 얼마인가?

| 현 금 | ₩40,000 | 외상매출금 | ₩30,000 | 단기차입금 | ₩20,000 |
| 건 물 | ₩35,000 | 미 수 금 | ₩8,000 | 지 급 어 음 | ₩16,000 |

① ₩77,000   ② ₩113,000

③ ₩213,000   ④ ₩55,000

08 다음 중 빈 칸에 가장 알맞은 것은?

기초자산 = 기초부채 + (㉠   )
기말자산 = 기말부채 + 기초자본 + (㉡   )

① ㉠ 기초자본 ㉡ 당기순이익   ② ㉠ 기말자산 ㉡ 당기순이익
③ ㉠ 기말부채 ㉡ 기말자본   ④ ㉠ 기말자산 ㉡ 기초부채

Memo

제3장

기업의 경영성과와 손익계산서

03 기업의 경영성과와 손익계산서

1 수익의 뜻

수익(Revenue ; R)이란 기업실체의 경영활동과 관련된 재화의 판매 또는 용역의 제공 등에 대한 대가로 발생하는 자산의 유입 또는 부채의 감소를 가져와 결과적으로 자본의 증가를 가져오는 요인이 되는 것을 말한다.

2 수익의 종류

상품매출이익, 단기매매증권처분이익, 유형자산처분이익, 이자수익, 수수료수익, 로열티수익, 임대료, 잡이익 등이 있다.

수익의 종류	내 용
(1) 상 품 매 출 이 익	상품을 원가보다 비싸게 매출하면 생기는 이익
(2) 단기매매증권처분이익	단기매매증권을 장부금액 이상으로 처분한 경우의 이익
(3) 유 형 자 산 처 분 이 익	유형자산을 장부금액 이상으로 처분한 경우의 이익
(4) 이 자 수 익	대여금이나 은행예금에 대한 이자수입액
(5) 수 수 료 수 익	상품의 판매알선, 용역제공을 하고 수수료를 받은 경우
(6) 로 열 티 수 익	특허권·상표권·저작권 및 컴퓨터 소프트웨어와 같은 장기성 자산의 사용대가 수입액
(7) 임 대 료	건물토지 등을 빌려주고 집세나 지대를 받은 수익
(8) 잡 이 익	영업활동과 관계없이 발생한 소액의 이익

> **▌유형자산**
> 영업활동에서 사용하는 형태가 있는 자산이란 뜻으로 건물, 비품, 토지, 차량운반구, 기계장치 등을 말한다.

3 비용의 뜻

비용(expense ; E)이란 기업실체의 경영활동과 관련된 재화의 판매 또는 용역의 제공 등에 따라 발생하는 자산의 유출이나 사용 또는 부채가 증가함으로써 결과적으로 자본의 감소를 가져오는 요인이다. 즉, 영업활동에서 수익을 얻기 위하여 소비된 경제적 가치이다.

4 비용의 종류

상품매출손실, 급여, 통신비, 접대비, 운반비, 수선비, 소모품비, 복리후생비, 수도광열비, 차량유지비, 광고선전비, 여비교통비, 도서인쇄비, 잡비, 세금과공과, 임차료, 보험료, 기부금, 단기매매증권처분손실, 유형자산처분손실, 이자비용, 수수료비용, 잡손실 등이 있다.

비용의 종류	내 용
(1) 상품매출손실	상품을 원가보다 싸게 매출하면 생기는 손실
(2) 급 여	근로의 대가로 지급하는 금액
(3) 통 신 비	전화요금, 전보, 우표, 엽서, 인터넷전용회선요금, 팩스사용료 등
(4) 접 대 비	거래처 식대, 선물비, 경조금, 화환대 등
(5) 운 반 비	상품매출시 발송비, 택배비 등
(6) 수 선 비	건물, 비품, 기계장치 등의 수리비를 지급한 비용
(7) 소 모 품 비	문구류 등 사무용품 구입을 위한 지출
(8) 복 리 후 생 비	종업원의 복리후생을 위해 지급하는 것
(9) 수 도 광 열 비	전기료, 수도료, 가스료 등
(10) 차 량 유 지 비	차량유류대, 주차료, 세차비, 차량수리비 등
(11) 광 고 선 전 비	불특정다수인을 대상으로 상품의 판매촉진을 위해 지출되는 비용
(12) 여 비 교 통 비	출장시 지급하는 숙박비, 식대, 교통비 등
(13) 도 서 인 쇄 비	서적구입, 정기간행물, 신문구독료 등

(14) 잡　　　　　　비	발생빈도나 금액이 적어서 중요성이 없는 비용, 발생빈도나 금액이 클 경우 별도과목 표시 (회의비, 교육훈련비, 연수비, 자료수집비, 신용조사비 등)
(15) 세　금　과　공　과	재산세, 자동차세, 균등할주민세, 상공회의소회비 등
(16) 임　　　차　　　료	건물토지 등을 빌려 사용하고, 집세나 지대로 지급한 비용
(17) 보　　　험　　　료	보험에 가입하고 납부하는 보험료
(18) 기　　　부　　　금	자선사업이나 공공사업을 도울 목적으로 내어 놓는 돈
(19) 단기매매증권처분손실	단기매매증권을 장부금액 미만으로 처분한 경우의 손실
(20) 유형자산처분손실	유형사산을 상부금액 미만으로 처분한 경우의 손실
(21) 이　　　자　　　비　용	차입금이나 사채의 이자 지급액
(22) 수　수　료　비　용	용역을 제공받고 지급한 수수료
(23) 잡　　　손　　　실	영업활동과 관계없이 발생한 소액의 손실

손 익 법	총수익 － 총비용 = 순이익 총비용 － 총수익 = 순손실

5 손익계산서

손익계산서(income statement, I/S 또는 profit & loss statement, P/L)는 일정 기간 동안 기업의 **경영성과**에 대한 정보를 제공하는 재무보고서이다. 손익계산서는 당해 회계기간의 경영성과를 나타낼 뿐만 아니라 기업의 미래현금흐름과 수익창출능력 등의 예측에 유용한 정보를 제공한다.

(1) 순이익의 경우

손 익 계 산 서

대명상점	20××년 1월 1일부터 20××년 12월 31일까지		(단위 : 원)
비 용	금 액	수 익	금 액
급 여	23,000	상 품 매 출 이 익	30,000
임 차 료	17,000	임 대 료	12,000
통 신 비	8,000	이 자 수 익	8,000
당 기 순 이 익	**2,000**		
	50,000		50,000

(2) 순손실일 경우

손 익 계 산 서

대명상점	20××년 1월 1일부터 20××년 12월 31일까지		(단위 : 원)
비 용	금 액	수 익	금 액
급 여	23,000	상 품 매 출 이 익	28,000
임 차 료	17,000	임 대 료	12,000
통 신 비	10,000	이 자 수 익	8,000
		당 기 순 손 실	**2,000**
	50,000		50,000

> 손익계산서의 당기순이익, 당기순손실은 붉은 글씨를 기입한다.

손익계산서 등식	총비용 + 당기순이익 = 총수익
	총비용 = 총수익 + 당기순손실

(3) 두 개의 보고서

① 손익계산서 : 당기순손익의 구성요소를 배열하는 보고서

② 손익계산서 : 당기순손익을 기초로 기타포괄손익을 가감하여 배열하는 보고서

단일의 손익계산서		두 개의 보고서			
		손익계산서		손익계산서	
수　　　　　익	×××	수　　　　익	×××	당 기 순 손 익	×××
비　　　　　용	(×××)	비　　　　용	(×××)	기 타 포 괄 손 익	×××
당 기 순 손 익	×××	당 기 순 손 익	×××	총 포 괄 손 익	×××
기 타 포 괄 손 익	×××				
총 포 괄 손 익	×××				

(4) 손익계산서의 기능별분류와 성격별분류

① 기능별분류에 의한 방법(매출원가법)은 종전의 방법과 유사한방법으로 비용을 매출원가, 물류원가, 관리비, 기타비용, 법인세비용 등으로 구분하여 공시한다.

② 성격별 분류에 의한 방법은 국제회계기준을 채택하면서 새롭게 도입된 방법으로 비용을 상품의 변동, 상품의 매입액, 종업원급여, 감가상각비와 기타상각비, 법인세비용 등으로 구분하여 공시한다.

숫자 읽기와 쓰기

숫자는 동양식(4단계)으로 읽고, 서양식(3단계)으로 쓴다.

① 숫자 읽기 : 뒤에서부터 [일, 십, 백, 천] [만, 십만, 백만, 천만]

[억, 십억, 백억, 천억] [조, 십조, 백조, 천조]

[경, 십경, 백경, 천경] [해, 십해, 백해, 천해]

[자, 십자, 백자, 천자] [양, 십양, 백양, 천양]

[구, 십구, 백구, 천구] [간, 십간, 백간, 천간]

[정, 십정, 백정, 천정] [재, 십재, 백재, 천재]

(천재일우(千載一遇)란 10의 47승에 해당하는 숫자로 천년에 한번 만난다는 뜻이다.)

② 숫자 쓰기 : 뒤에서부터 3자리마다 콤마(,)을 찍는다.

1,234,567,890(십이억 삼천 사백 오십 육만 칠천 팔백 구십)

 멘토 노트

• 수익 : 자본의 증가요인
• 비용 : 자본의 감소요인
• 손익계산서 : 일정기간 경영성과
• 손익법 : 총수익 - 총비용 = 순이익 (△순손실)

01 다음 (　) 안에 알맞은 용어를 써 넣으시오.

(1) 기업의 영업활동의 결과 자본의 감소요인이 되는 것을 (　　　　)이라 한다.

(2) 기업의 영업활동의 결과 자본의 증가요인이 되는 것을 (　　　　)이라 한다.

(3) 총수익 － (　　　　) = 당기순이익, 총비용 － (　　　　) = 당기순손실이 된다.

(4) 일정기간에 있어서 기업의 경영성과를 알아보기 위한 표를 (　　　　)라 한다.

(5) 당기순이익이 발생하면 자본이 (　　　　)하고, 당기순손실이 발생하면 자본이 (　　　　)한다.

(6) 손익계산서는 (　　　) 동안 기업의 (　　　　)를 알아보기 위한 표이다.

(7) 손익계산서 차변에는 (　　　　)계정이 들어가고, 손익계산서 대변에는 (　　　　)계정을 넣어 (　　　　)이나, (　　　　)을 계산한다.

02 다음 (　) 안에 수익계정은 '수익' 비용계정은 '비용'이라고 기입하시오.

(1) 기　　부　　금 (　　　)　　(2) 세 금 과 공 과 (　　　)

(3) 임　　대　　료 (　　　)　　(4) 유형자산처분이익 (　　　)

(5) 이　 자　 비　 용 (　　　)　　(6) 급　　　　　여 (　　　)

(7) 수 수 료 수 익 (　　　)　　(8) 접　　대　　비 (　　　)

(9) 상 품 매 출 손 실 (　　　)　　(10) 소 모 품 비 (　　　)

(11) 여 비 교 통 비 (　　　)　　(12) 수 도 광 열 비 (　　　)

(13) 단기매매증권처분손실 (　　　)　　(14) 잡　　이　　익 (　　　)

(15) 광 고 선 전 비 (　　　)　　(16) 차 량 유 지 비 (　　　)

(17) 도 서 인 쇄 비 (　　　)　　(18) 임　　차　　료 (　　　)

(19) 보　　험　　료 (　　　)　　(20) 이 자 수 익 (　　　)

(21) 복 리 후 생 비 (　　　)　　(22) 통　　신　　비 (　　　)

03 다음 비용 또는 수익의 반대 계정과목을 기입하시오.

(1) (　　　　　) ⇔ 임　대　료　　(2) (　　　　　　) ⇔ 상품매출이익

(3) 이 자 비 용 ⇔ (　　　　　)　　(4) 단기매매증권처분손실 ⇔ (　　　　　)

(5) (　　　　　) ⇔ 유형자산처분이익　(6) (　　　　　) ⇔ 잡　　이　　익

(7) 수 수 료 비 용 ⇔ (　　　　　)

04 다음 표의 빈 칸에 알맞은 금액을 써 넣으시오 (단, △표는 순손실임)

구 분	총 수 익	총 비 용	당기순손익
(1)	80,000,000	65,000,000	(　　　　　)
(2)	250,000,000	(　　　　　)	△15,000,000
(3)	(　　　　　)	2,800,000,000	67,000,000

05 부여상회의 수익과 비용은 다음과 같다. 손익계산서를 작성하시오.

상품매출이익 ₩150,000	수수료수익 ₩70,000	잡 이 익 ₩30,000
급　　　여　　50,000	통 신 비　　40,000	여비교통비　　17,000
임　차　료　　19,000	도서인쇄비　　70,000	

손 익 계 산 서

부여상회　　20××년 1월 1일부터 20××년 12월 31일까지　　(단위 : 원)

비　　　　　용	금　　　　　액	수　　　　　익	금　　　　　액

06 송미상점의 수익과 비용은 다음과 같다. 손익계산서를 작성하시오.

통 신 비	₩140,000	급 여	₩870,000	상품매출이익	₩1,000,000
수수료수익	260,000	잡 이 익	80,000	수 도 광 열 비	240,000
이 자 비 용	60,000	잡 손 실	60,000	로 열 티 수 익	160,000

손 익 계 산 서

송미상점   20××년 1월 1일부터 20××년 12월 31일까지   (단위 : 원)

비 용	금 액	수 익	금 액

07 미래상점의 수익과 비용은 다음과 같다. 손익계산서를 작성하시오.

상품매출이익	₩320,000	임 대 료	₩60,000	급 여	₩250,000
여 비 교 통 비	80,000	세금과공과	20,000	수 도 광 열 비	60,000

손 익 계 산 서

미래상점   20××년 1월 1일부터 20××년 12월 31일까지   (단위 : 원)

비 용	금 액	수 익	금 액

검정문제 ③

01 수익에 해당하지 <u>않는</u> 계정과목은?

① 상품매출이익   ② 임대료

③ 이자수익   ④ 광고선전비

02 다음 중 비용에 속하지 <u>않는</u> 것은?

① 소모품비   ② 임대료

③ 수도광열비   ④ 세금과공과

03 (A), (B)에 들어갈 용어를 바르게 짝지은 것은?

> 일정한 시점에 재무상태를 나타낸 표를 ((A)   )라 하고, 일정기간의 경영성과를 나타낸 표를 ((B)   )라 한다.

① (A) 손익계산서 (B) 재무상태표   ② (A) 정산표 (B) 시산표

③ (A) 재무상태표 (B) 손익계산서   ④ (A) 시산표 (B) 정산표

04 다음 자료를 이용하여 당기순이익을 구하시오.

> • 이자수익 ₩10,000   • 임 대 료 ₩5,000   • 수수료수익 ₩2,000
> • 급   여 ₩6,000   • 수수료비용 ₩4,000   • 여비교통비 ₩1,000

① ₩5,000   ② ₩6,000

③ ₩7,000   ④ ₩8,000

05 다음 손익계산서 관련 등식 중 <u>잘못된</u> 것은?

① 총수익 = 총비용 + 당기순손실   ② 총비용 + 당기순이익 = 총수익

③ 총수익 − 당기순이익 = 총비용   ④ 총비용 − 총수익 = 당기순손실

06 다음의 수익계정과 비용계정 중에서 <u>틀린</u> 것은?

[수익계정]	[비용계정]	[수익계정]	[비용계정]
① 수수료수익	차량유지비	② 임차료	임대료
③ 이자수익	이자비용	④ 잡이익	통신비

07 다음 중 손익계산서 항목이 아닌 것은?

① 미수수익   ② 대손상각비

③ 이자수익   ④ 유형자산처분손실

Memo

제4장

기업의 순손익 계산

04 기업의 순손익 계산

1 순손익의 계산

기업의 일정기간 영업활동의 결과인 순이익이나 순손실을 계산하는 것을 순손익 계산이라 하며, 순손익을 계산하는 방법에는 재산법과 손익법이 있다.

2 순손익의 계산 방법

(1) 재산법(자본유지접근법)

기말자본과 기초자본을 비교하여 순손익을 계산하는 방법으로 기말자본이 기초자본보다 크면 당기순이익이 되고, 기초자본이 기말자본보다 크면 당기순손실이 된다.

> 기말자본 − 기초자본 = 순이익
> 기초자본 − 기말자본 = 순손실

(2) 손익법(거래접근법)

일정기간의 총수익과 총비용을 비교하여 순손익을 계산하는 방법으로 총수익이 총비용보다 크면 당기순이익이 되고, 총비용이 총수익보다 크면 당기순손실이 된다.

> 총수익 − 총비용 = 순이익
> 총비용 − 총수익 = 순손실

3 재무상태표와 손익계산서의 순손익 관계

(1) 순이익이 발생한 경우 (기초자본이 ₩5,000인 경우)

재무상태표

멘토상회　20××년 12월 31일 현재　(단위:원)

자　산	금　액	부채·자본	금　액
기말자산	10,000	기 말 부 채	3,000
		자 본 금	5,000
		당기순이익	**2,000**
	10,000		10,000

손익계산서

멘토상회　20××년 1월 1일부터 20××년 12월 31일까지　(단위:원)

비　용	금　액	수　익	금　액
총 비 용	3,000	총 수 익	5,000
당기순이익	**2,000**		
	5,000		5,000

재무상태표와 손익계산서의 당기순이익은 항상 일치해야 한다.

(2) 순손실이 발생한 경우 (기초자본이 ₩5,000인 경우)

재무상태표

멘토상회　20××년 12월 31일 현재　(단위:원)

자　산	금　액	부채·자본	금　액
기말자산	10,000	기 말 부 채	7,000
		자 본 금	5,000
		당기순손실	**△2,000**
	10,000		10,000

손익계산서

멘토상회　20××년 1월 1일부터 20××년 12월 31일까지　(단위:원)

비　용	금　액	수　익	금　액
총 비 용	7,000	총 수 익	5,000
		당기순손실	**2,000**
	7,000		7,000

재무상태표와 손익계산서의 당기순손실은 항상 일치해야 한다.

멘토 노트

〈기본공식〉
① 기초자산 – 기초부채 = 기초자본 (자본등식)
② 기말자산 – 기말부채 = 기말자본 (자본등식)
③ 총 수 익 – 총 비 용 = 순 손 익 (손 익 법)
④ 기말자본 – 기초자본 = 순 손 익 (재 산 법)
⑤ 기말자산 = 기말부채 + 기초자본 + 당기순이익 (재무상태표 등식)
　　　　　　　　　　　　　(기말자본)

순손익이란 순이익(+)과 순손실(–)을 합한 말이며 순손실(–)은 일반적으로 '△'로 표
시한다.

01 다음 등식을 완성하시오.
    (1) 기 초 자 산 － 기 초 부 채 ＝ (   )
    (2) 기 말 자 산 － (   ) ＝ 기 말 자 본
    (3) ① 총 수 익 － (   ) ＝ 순 이 익
       ② 총 비 용 － 총 수 익 ＝ (   )
    (4) ① 기말자본 － (   ) ＝ 순 이 익
       ② 기초자본 － 기말자본 ＝ (   )

02 다음 자료에 의하여 물음에 답하시오.
    (1) 총수익이 ₩500,000이고, 총비용이 ₩300,000일 때 당기순이익은 얼마인가?
    (2) 총수익이 ₩350,000이고, 총비용이 ₩400,000일 때 당기순손실은 얼마인가?
    (3) 기말자본이 ₩950,000이고, 기초자본이 ₩720,000일 때 당기순이익은 얼마
        인가?
    (4) 기말자본이 ₩630,000이고, 기초자본이 ₩750,000일 때 당기순손실은 얼마
        인가?

(1)	₩	(2)	₩
(3)	₩	(4)	₩

03 다음 자료에 의하여 물음에 답하시오.
    (1) 현금 ₩50,000을 출자하여 영업을 시작한 진품상점의 기말자본금은 ₩60,000
        이었다. 회계기간 동안에 발생한 수익총액이 ₩75,000이라면 같은 회계기간
        동안에 발생한 비용의 총액은? (₩   )
        ① 총수익(   ) － 총비용(   ) ＝ 순손익(   )
        ② 기말자본(   ) － 기초자본(   ) ＝ 순손익(   )

(2) 다음 자료에 의하여 기초부채를 계산하면 얼마인가? (₩   )

| 기초자산 ₩600,000   기말자산 ₩700,000   기말부채 ₩300,000 |
| 총 수 익   250,000   총 비 용   190,000 |

① 기초자산 (   ) ─ 기초부채 (   ) = 기초자본 (   )
② 기말자산 (   ) ─ 기말부채 (   ) = 기말자본 (   )
③ 총 수 익 (   ) ─ 총 비 용 (   ) = 순 손 익 (   )
④ 기말자본 (   ) ─ 기초자본 (   ) = 순 손 익 (   )

04 다음 계정과목 (   )안에 자산·부채·자본·수익·비용항목을 기입하시오.

(1) 현   금 (   )   (2) 세 금 과 공 과 (   )   (3) 기 부 금 (   )
(4) 임 대 료 (   )   (5) 유형자산처분이익 (   )   (6) 지 급 어 음 (   )
(7) 외 상 매 출 금 (   )   (8) 급   여 (   )   (9) 상   품 (   )
(10) 수 수 료 수 익 (   )   (11) 단 기 대 여 금 (   )   (12) 광 고 선 전 비 (   )
(13) 상 품 매 출 이 익 (   )   (14) 소 모 품 비 (   )   (15) 차 량 운 반 구 (   )
(16) 미 지 급 금 (   )   (17) 당 좌 예 금 (   )   (18) 수 도 광 열 비 (   )
(19) 단기매매증권처분손실 (   )   (20) 잡 이 익 (   )   (21) 토   지 (   )
(22) 자 본 금 (   )   (23) 차 량 유 지 비 (   )   (24) 이 자 비 용 (   )
(25) 도 서 인 쇄 비 (   )   (26) 임 차 료 (   )   (27) 선 수 금 (   )
(28) 보 험 료 (   )   (29) 이 자 수 익 (   )   (30) 소 모 품 (   )
(31) 복 리 후 생 비 (   )   (32) 단 기 매 매 증 권 (   )   (33) 여 비 교 통 비 (   )

05 다음 표의 빈 칸에 알맞은 금액을 써 넣으시오. (단, △표는 순손실임)

구분	기말자산	기말부채	자본		총수익	총비용	순손익
			기초	기말			
(1)	180,000	(①)	90,000	100,000	50,000	(②)	(③)
(2)	(④)	20,000	37,000	40,000	(⑤)	16,000	(⑥)
(3)	130,000	(⑦)	60,000	(⑧)	80,000	70,000	(⑨)
(4)	(⑩)	20,000	(⑪)	120,000	(⑫)	30,000	16,000
(5)	14,000	(⑬)	10,000	(⑭)	(⑮)	13,000	△1,000

06 현금 ₩750,000을 출자하여 영업을 시작한 서울상회의 제1기 말 재무상태와 동 기간의 경영성과는 다음과 같다. 기말 재무상태표와 동 기간의 손익계산서를 작성하시오.

```
┌─ [자료 1] 제1기 기말 재무상태 ─────────────────────────┐
 현       금  ₩475,000    당 좌 예 금  ₩160,000    단기대여금  ₩140,000
 외상매출금    150,000    상       품   300,000    건       물   250,000
 단기차입금    125,000    외상매입금    250,000    미 지 급 금   300,000
└─────────────────────────────────────────────────────┘
```

```
┌─── [자료 2] 기간 중의 경영성과 ──────────────────────┐
 상품매출이익  ₩630,000    임 대 료  ₩65,000    이 자 수 익  ₩50,000
 보   험   료   100,000    급     여   365,000    여비교통비    120,000
 세 금 과 공 과    40,000    기 부 금    70,000
└─────────────────────────────────────────────────────┘
```

재 무 상 태 표

서울상회   20××년 12월 31일 현재   (단위 : 원)

자　산	금　　액	부채·자본	금　　액

손 익 계 산 서

20××년　1월　1일부터
20××년 12월 31일까지

서울상회   (단위 : 원)

비　용	금　　액	수　익	금　　액

07 20××년 1월 1일에 현금 ₩1,000,000을 출자하여 개업한 용채상회의 20××년 12월 31일의 재무상태와 기간 중의 영업성적은 다음과 같다. 재무상태표와 손익계산서를 작성하시오.

─── [12월 31일의 재무상태] ───

현 금	₩600,000	당 좌 예 금	₩700,000	외상매출금	₩400,000
상 품	500,000	비 품	300,000	단 기 차 입 금	500,000
외 상 매 입 금	600,000	지 급 어 음	400,000	선 수 금	200,000

─── [기간 중의 수익과 비용] ───

상품매출이익	₩500,000	이 자 수 익	₩400,000	급 여	₩610,000
보 험 료	100,000	수도광열비	140,000	세금과공과	200,000
운 반 비	50,000				

재 무 상 태 표

용채상회　　　　　　　20××년 12월 31일 현재　　　　　(단위 : 원)

자　　산	금　　액	부채·자본	금　　액

손 익 계 산 서

20××년　1월　1일부터
용채상회　　　　　20××년 12월 31일까지　　　　(단위 : 원)

비　　용	금　　액	수　　익	금　　액

08 다음 재무상태표와 손익계산서의 (   ) 안에 알맞은 금액을 채우시오.

재 무 상 태 표

봉명상점　　　　　　20××년 1월 1일 현재　　　　　　(단위 : 원)

자　　　　　　산	100,000,000	부　　　　　　채	30,000,000
		자　본　금	(　　　　　　　)
(　　　　　　　)		(　　　　　　　)

재 무 상 태 표

봉명상점　　　　　　20××년 12월 31일 현재　　　　　　(단위 : 원)

자　　　　　　산	(　　　　　)	부　　　　　　채	(　　　　)
		자　본　금	(　　　　)
		(　　　　)	(　　　　)
	350,000,000		(　　　　)

기초자본금 (   ) + 당기순이익 (   ) = 기말자본금 (   )

손 익 계 산 서

봉명상점　　　20×× 년 1월 1일부터 / 20×× 년 12월 31일까지　　　(단위 : 원)

총　비　용	650,000,000	총　수　익	800,000,000
(　　　　)	(　　　　)		
	(　　　　)	(　　　　)

검정문제 ④

01 다음 연결이 틀린 것은?

① 현금 - 자산
② 외상매입금 - 부채
③ 임대료 - 비용
④ 자본금 - 자본

02 다음 자료에서 기말자본은 얼마인가?

기초자본 ₩1,000,000 당기총수익 ₩3,000,000 당기총비용 ₩2,500,000

① ₩5,000,000
② ₩1,000,000
③ ₩1,500,000
④ ₩2,000,000

03 다음의 자료에서 기초자본액은 얼마인가?

기초자본 ( ) 기말자본 ₩200,000 총수익 ₩100,000 총비용 ₩80,000

① ₩170,000
② ₩180,000
③ ₩190,000
④ ₩200,000

04 현금 ₩250,000을 출자하여 판매업을 개시한 대한상점의 기말 재무상태는 다음과 같다. 당기의 순손익은 얼마인가?

현　　금 ₩300,000	재고자산 ₩200,000
매출채권 ₩150,000	매입채무 ₩100,000

① 이익 ₩350,000
② 손실 ₩300,000
③ 손실 ₩350,000
④ 이익 ₩300,000

제5장

계정

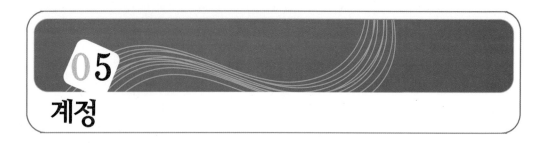

계정

1 계정의 뜻

거래가 발생하면 자산·부채·자본의 변동이 생기고 수익·비용이 발생 또는 소멸 등의 내용을 같은 항목별로 기록하기 위해 설정된 계산 단위를 계정(計定, account ; a/c)이라 하며, 계정명을 계정과목이라 하고, 계정 기입장소를 계정계좌 또는 계좌라 한다.

(차변)	현금(계정과목)	(대변)
계정계좌		계정계좌

2 계정의 종류

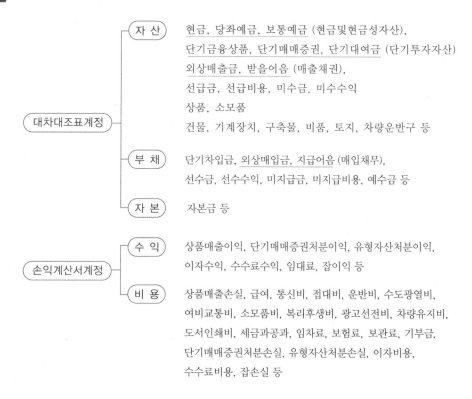

3 계정 기입 방법

거래를 계정에 기입하는 방법을 계정 기입 법칙이라고 하며, 다음과 같다.

(1) 재무상태표 계정의 기입 방법

(2) 손익계산서 계정의 기입 방법

▌계정기입방법
① 자산계정은 증가를 차변에 감소를 대변에 기입하고, 잔액은 차변에 남는다.
② 부채계정은 증가를 대변에 감소를 차변에 기입하고, 잔액은 대변에 남는다.
③ 자본계정은 증가를 대변에 감소를 차변에 기입하고, 잔액은 대변에 남는다.
④ 수익계정의 발생을 대변에 소멸은 차변에 기입하고, 잔액은 대변에 남는다.
⑤ 비용계정은 발생을 차변에 소멸은 대변에 기입하고, 잔액은 차변에 남는다.

4 계정의 형식

계정의 형식에는 표준식과 잔액식이 있으며, 학습을 위해서는 표준식의 약식인 T 자형의 계정을 주로 사용한다.

(1) 표준식 계정 양식

부여상사   현   금   (1)

20××	적 요	분면	금 액	20××	적 요	분면	금 액

(2) 잔액식 계정 양식

부여상사   현   금   (1)

20××	적 요	분면	차 변	대 변	차대	잔 액

▌T자형(약식) 계정

현   금

5 대차평균의 원리

복식부기에서는 하나의 거래가 발생하면 반드시 차변요소와 대변요소의 결합이 같은 금액으로 이루어지는 것을 '거래의 이중성'이라 하고, 그 결과 계정 전체적으로 보면 차변 합계금액과 대변 합계금액은 반드시 일치하는데, 이를 '대차 평균의 원리'라 한다.

즉, 거래의 이중성에 의해 대차평균의 원리가 성립되며, 복식부기의 장점인 자기 검증기능(자기통제기능)이 실현되는 것이다.

> ▌자기검증기능
> 복식부기에서는 대차평균의 원리를 이용하여 전체 계정의 차변 합계와 대변 합계의 일치 여부를 확인함으로써, 장부 기록의 오류를 검증할 수 있다. 이처럼 자동적으로 오류를 검증하는 기능을 자기통제 또는 자기검증기능이라고 한다.

기본문제 ⑤

01 다음 계정의 ( ) 안에 증가·감소, 발생·소멸을 써 넣으시오.

당좌예금			단기차입금	
( )	( )		( )	( )

자 본 금			이자수익	
( )	( )		( )	( )

임 차 료			건 물	
( )	( )		( )	( )

02 보기와 같이 (자산·부채·자본·수익·비용)을 알맞게 구분하여 기입하고, 잔액이 차변에 남으면 (차), 대변에 남으면 (대)를 기입하시오.

보기	현 금 (자 산) (차)	보기	이 자 수 익 (수 익) (대)
(1)	단 기 차 입 금 ( ) ( )	(2)	세 금 과 공 과 ( ) ( )
(3)	임 대 료 ( ) ( )	(4)	단 기 금 융 상 품 ( ) ( )
(5)	외 상 매 입 금 ( ) ( )	(6)	급 여 ( ) ( )
(7)	수 수 료 수 익 ( ) ( )	(8)	미 지 급 금 ( ) ( )
(9)	상 품 매 출 이 익 ( ) ( )	(10)	지 급 어 음 ( ) ( )
(11)	여 비 교 통 비 ( ) ( )	(12)	수 도 광 열 비 ( ) ( )
(13)	선 수 금 ( ) ( )	(14)	잡 이 익 ( ) ( )
(15)	외 상 매 출 금 ( ) ( )	(16)	차 량 유 지 비 ( ) ( )
(17)	자 본 금 ( ) ( )	(18)	임 차 료 ( ) ( )
(19)	보 험 료 ( ) ( )	(20)	미 수 금 ( ) ( )

03 다음 내용에 해당하는 알맞은 계정과목을 (   ) 안에 기입하시오.

(1) 한국은행이 발행한 주화와 지폐 및 통화대용증권 …………… (   )

(2) 당좌수표발행목적으로 예입하거나 당좌수표를 발행하면 ····· (   )

(3) 수시로 입금이나 출금이 가능한 예금 ……………………… (   )

(4) 만기가 1년 이내인 정기예금과 정기적금 …………………… (   )

(5) 매수와 매도가 적극적이고 빈번한 시장성 있는 주식, 사채,
    국공채 ……………………………………………………… (   )

(6) 타인에게 빌려 준 현금 등 ………………………………… (   )

(7) 상품을 외상으로 매출하면 ………………………………… (   )

(8) 상품을 매출하고 받은 약속어음 ………………………… (   )

(9) 상품을 매입하기로 계약하고 지급한 계약금 …………… (   )

(10) 상품이 아닌 물건을 매각(처분)하고 대금을 나중에 받기로
     한 경우 발생한 채권 ……………………………………… (   )

(11) 판매를 목적으로 매입한 물품 …………………………… (   )

(12) 사무용품등의 미사용액 …………………………………… (   )

(13) 영업용 사무실, 창고, 기숙사, 공장 등 ………………… (   )

(14) 영업용으로 구입한 책상, 의자, 컴퓨터, 복사기 등 ………… (   )

(15) 영업용으로 구입한 화물차, 승합차, 승용차, 지게차,
     오토바이 등 ………………………………………………… (   )

(16) 영업이나 생산 활동에 사용하는 기계와 부속설비 ………… (   )

(17) 영업용으로 구입한 땅 …………………………………… (   )

04 다음 내용에 해당하는 알맞은 계정과목을 (   ) 안에 기입하시오.

(1) 1년 내 지급조건으로 금전을 빌려온 것 ………………… (   )

(2) 상품을 외상으로 매입한 채무 …………………………… (   )

(3) 상품 값으로 어음을 지급한 경우의 채무 ……………… (   )

(4) 상품 계약금(착수금)을 받음 ……………………………… (   )

(5) 상품이 아닌 물건을 구입하고, 대금은 나중에 주기로 한 경우 · (   )

(6) 일반적 상거래 외에 발생한 일시적 보관액 ……………… (   )

(7) 기업주가 출자한 현금, 상품, 건물 등 …………………… (   )

05 다음 내용에 해당하는 알맞은 계정과목을 ( ) 안에 기입하시오.

(1) 상품을 원가보다 싸게 매출할 때 생기는 손실 ┄┄┄┄┄┄ ( )

(2) 임원 및 근로자에게 근로의 대가로 지급하는 금액 ┄┄┄┄ ( )

(3) 전화요금, 우편요금, 인터넷사용요금 등을 지급하면 ┄┄┄┄ ( )

(4) 거래처 식대, 거래처 선물비, 거래처경조금 및 화환대 등을
지급하면 ┄┄┄┄┄┄┄┄┄┄┄┄┄┄┄┄┄┄┄┄┄┄┄┄┄┄┄┄ ( )

(5) 상품 매출시 발송비, 택배비 등을 지급하면 ┄┄┄┄┄┄┄┄ ( )

(6) 건물, 비품, 기계장치 등의 수리비를 지급한 비용 ┄┄┄┄┄ ( )

(7) 문구류 등 사무용품 구입을 위한 지출비용 ┄┄┄┄┄┄┄┄ ( )

(8) 종업원의 복리후생을 위해 지급한 비용 ┄┄┄┄┄┄┄┄┄┄ ( )

(9) 전기료, 수도료, 가스료 등을 지급하면 ┄┄┄┄┄┄┄┄┄┄ ( )

(10) 차량유류대, 주차료, 세차비, 차량수리비 등을 지급하면 ┄ ( )

(11) 불특정다수인을 대상으로 상품의 판매촉진을 위해 지출한
비용 ┄┄┄┄┄┄┄┄┄┄┄┄┄┄┄┄┄┄┄┄┄┄┄┄┄┄┄┄┄┄ ( )

(12) 출장시 지급한 숙박비, 식대, 교통비 등 지급한 비용 ┄┄┄ ( )

(13) 서적구입, 정기간행물, 신문구독료 등을 지급하면 ┄┄┄┄ ( )

(14) 재산세, 자동차세, 균등할주민세, 상공회의소회비 등을
지급하면 ┄┄┄┄┄┄┄┄┄┄┄┄┄┄┄┄┄┄┄┄┄┄┄┄┄┄┄┄ ( )

(15) 건물, 토지, 전산장비 등을 빌려 사용하고, 사용료를 지급하면
┄┄┄┄┄┄┄┄┄┄┄┄┄┄┄┄┄┄┄┄┄┄┄┄┄┄┄┄┄┄┄┄ ( )

(16) 업무와 무관하며 아무런 대가 없이 무상으로 지급한
금전이나 기타자산 ┄┄┄┄┄┄┄┄┄┄┄┄┄┄┄┄┄┄┄┄┄┄ ( )

(17) 단기매매증권을 장부금액 미만으로 처분한 경우의 손실 ┄┄ ( )

(18) 유형자산을 장부금액 미만으로 처분한 경우의 손실 ┄┄┄┄ ( )

(19) 차입금이나 사채의 이자 지급액 ┄┄┄┄┄┄┄┄┄┄┄┄┄┄ ( )

(20) 용역을 제공받고 지급한 수수료 ┄┄┄┄┄┄┄┄┄┄┄┄┄┄ ( )

(21) 영업활동과 관계없이 발생한 소액의 손실 ┄┄┄┄┄┄┄┄┄ ( )

06 다음 내용에 해당하는 알맞은 계정과목을 (   ) 안에 기입하시오.

(1) 상품을 원가보다 비싸게 매출하면 생기는 이익 ·················· (   )

(2) 단기매매증권을 장부금액 이상으로 처분한 경우의 이익 ········ (   )

(3) 유형자산을 장부금액 이상으로 처분한 경우의 이익 ··········· (   )

(4) 대여금이나 은행예금에 대한 이자수입액 ························· (   )

(5) 상품의 판매알선, 용역제공을 하고 수수료를 받은 경우 ····· (   )

(6) 건물토지 등을 빌려주고 집세나 지대를 받은 수익 ········· (   )

(7) 영업활동과 관계없이 발생한 소액의 이익 ························ (   )

07 다음 (   ) 안에 알맞은 말을 써 넣으시오.

(1) 재무상태표 계정은 (   ), (   ), (   ) 계정으로 나뉜다.

(2) 손익계산서 계정은 (   ), (   ) 계정으로 나뉜다.

(3) 계정의 왼쪽을 (   )이라 하고, 계정의 오른쪽은 (   )이라 한다.

(4) 자산과 비용계정은 항상 차변이 많으므로 잔액이 (   )변에 남는다.

(5) (   )·(   )· (   ) 계정은 항상 대변이 많으므로 잔액이

(   )변에 남는다.

(6) 복식부기에서는 하나의 거래가 발생하면 반드시 차변요소와 대변요소의 결

합이 같은 금액으로 이루어지는 것을 (   )이라 하고, 그 결과

계정 전체적으로 보면 차변 합계금액과 대변 합계금액은 반드시 일치하는데,

이를 (   )라 한다.

검정문제 ⑤

01 수도요금, 전기요금, 가스요금 등을 지급한 경우 처리할 계정과목은?
① 수도광열비 ② 복리후생비
③ 소모품비 ④ 세금과 공과

02 다음 중 재무상태표 계정은?
① 접대비 ② 미수금
③ 기부금 ④ 차량유지비

03 다음 중 복리후생비에 속하지 않는 것은?
① 종업원 단체복 지급 ② 직원 결혼 축하금 지급
③ 산재보험료 ④ 거래처 선물비 지급

04 계정 잔액이 차변에 나타나지 않는 것은?
① 단기대여금 ② 받을어음
③ 선급금 ④ 임대료

05 다음 중 계정기입의 원리가 옳지 않은 것은?

①	외상매출금		②	단기차입금	
증 가		감 소	감 소		증 가

③	이 자 비 용		④	자 본 금	
발 생		소 멸	증 가		감 소

06 다음 계정기입 중 잘못 입력된 것은?

①	현 금		②	외상매입금	
350,000		120,000	120,000		210,000

③	임 차 료		④	이 자 수 익	
		25,000			37,000

제6장

거래

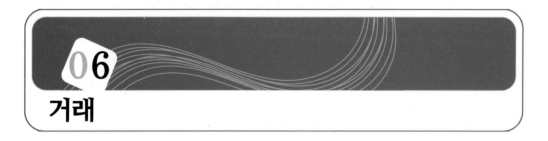

06 거래

1 거래의 뜻

기업의 경영활동으로 인하여 자산·부채·자본의 증감변화가 있으면 거래(transactions)이다. 수익과 비용의 발생과 소멸도 자본의 증감을 일으키는 요소이므로 회계상 거래로 보며, 모든 회계거래는 화폐가치로 측정할 수 있어야 한다.

회계상의 거래		회계상의 거래가 아님
• 천재지변(화재, 홍수, 태풍, 지진 등) • 분실·도난 등 • 자산의 가치감소(감가상각비) • 채권의 회수 불가능액(대손상각비)	• 상품의 매입과 매출 • 채권·채무의 발생과 소멸 • 현금의 수입과 지출 • 비용의 지급, 수익의 수입	• 상품의 주문·보관 • 임대차 계약 • 고용 계약 • 금전의 대여나 차입의 약속
일반적인 거래가 아님	일반적인 거래	

2 거래의 결합관계(거래의 8요소)

모든 거래는 자산·부채·자본의 증가와 감소, 수익·비용의 발생의 요소로 구성되어 있다. 이것을 거래의 8요소라 한다.

▌거래의 결합관계(거래의 8요소)

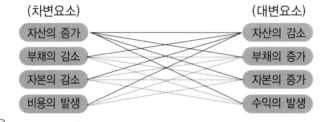

(차변요소)
- 자산의 증가
- 부채의 감소
- 자본의 감소
- 비용의 발생

(대변요소)
- 자산의 감소
- 부채의 증가
- 자본의 증가
- 수익의 발생

▌거래의 이중성
거래가 발생하면 언제나 차변요소와 대변요소가 동시에 발생하고 차변과 대변의 금액도 일치하게 되는데 이것을 거래의 이중성이라 한다.

3 거래의 종류

(1) 현금의 수입과 지출에 따른 분류

① 입금거래 : 현금이 들어오는 거래

② 출금거래 : 현금이 나가는 거래

③ 대체거래 : 현금이 수입이나 지출에 없는 거래

(2) 손익발생 유·무에 따른 분류

① 교환거래 : 자산·부채·자본에만 증감 변화가 있는 거래

② 손익거래 : 거래 발생 시 차변이나 대변 어느 한 쪽에 수익이나 비용이 총 액으로 발생하는 거래

③ 혼합거래 : 하나의 거래에 교환거래와 손익거래가 같이 발생하는 거래(원 가매가, 원금이자)

 멘토 노트

- 회계상 거래가 아닌 것 : 주문, 계약, 약속, 보관, 담보
- 자산·비용은 차변에 잔액이 남고, 부채·자본·수익은 대변에 잔액이 남는다.

기본문제 ⑥

01 다음 중 회계에서 거래이면 (○)을 거래가 아니면 (X)를 표기하시오.

(1) (　　) 다혜상점에서 상품 ₩800,000을 매입하고 현금을 지급하다.

(2) (　　) 보영상점에 상품 ₩1,200,000을 외상으로 매출하다.

(3) (　　) 상품 ₩3,000,000을 광주상회에 주문하다.

(4) (　　) 우리은행에서 현금 ₩5,000,000을 대출 받다.

(5) (　　) 현금 ₩20,000을 분실하다.

(6) (　　) 연봉 ₩300,000,000을 지급하기로 하고 전문경영인을 채용하다.

(7) (　　) 수재민 돕기 성금으로 KBS방송국에 현금 ₩500,000을 기부하다.

(8) (　　) 영업용 차량운반구에 대해 결산 시 ₩50,000의 감가상각을 하다.

(9) (　　) 은행에서 회사 신규사업자금을 차입하기 위해 건물 ₩1,000,000,000 을 근저당(담보)으로 제공하다.

(10) (　　) 이달분 전기요금 ₩230,000을 보통예금으로 납부하다.

(11) (　　) 화재로 인하여 영업용 창고가 소실되다.

(12) (　　) 거래처가 파산하여 외상매출금 ₩250,000 회수가 불가능해지다.

(13) (　　) 상품 ₩700,000을 창고회사에 보관시키다.

(14) (　　) 거래처 근영상점에 현금 ₩40,000을 대여하다.

(15) (　　) 운영자금이 필요하여 은행에서 대출 상담을 받고 ₩2,000,000을 대출 받기로 하다.

(16) (　　) 내년도 판매목표를 5억 원으로 책정하다.

02 거래의 결합관계를 완성하시오.

	(차변요소)		(대변요소)	
(1) (	)	(	)	← 자산
(2) (	)	(	)	← 부채
(3) (	)	(	)	← 자본
(4) (	)	(	)	← 비용·수익

03 다음 거래의 결합관계와 거래의 종류를 보기와 같이 기입하시오.

> 상품 ₩300,000을 매입하고, 그 대금을 현금으로 지급하다.

(1) 영업용 건물 ₩500,000을 구입하고, 그 대금은 현금으로 지급하다.
(2) 상품 ₩30,000을 외상으로 매입하다.
(3) 현금 ₩2,000,000을 출자하여 영업을 개시하다.
(4) 외상매입금 ₩60,000을 현금으로 지급하다.
(5) 외상매입금 ₩45,000을 약속어음을 발행하여 지급하다.

NO	차변요소	대변요소	거래의 종류
보기	자산의 증가	자산의 감소	교환거래
(1)			
(2)			
(3)			
(4)			
(5)			

04 다음 거래의 결합관계와 거래의 종류를 표시하시오.
(1) 종업원의 급여 ₩1,500,000을 현금으로 지급하다.
(2) 영업용 차량에 대한 보험료 ₩320,000을 현금으로 지급하다.
(3) 이달분 전화요금 ₩36,000을 보통예금으로 납부하다.
(4) 대여금에 대한 이자 ₩80,000을 현금으로 받다.
(5) 상품매매 중개 알선을 하고 수수료 ₩50,000을 현금으로 받다.

NO	차변요소	대변요소	거래의 종류
(1)			
(2)			
(3)			
(4)			
(5)			

05 다음 거래의 결합관계와 거래의 종류를 표시하시오.

(1) 원가 ₩600,000의 상품을 ₩800,000에 외상으로 매출하다.

(2) 원가 ₩500,000의 상품을 ₩400,000에 매출하고 대금은 현금으로 받다.

(3) 단기대여금 ₩500,000과 그 이자 ₩25,000을 현금으로 받다.

(4) 단기차입금 ₩300,000과 그 이자 ₩20,000을 현금으로 지급하다.

NO	차변요소	대변요소	거래의 종류
(1)			
(2)			
(3)			
(4)			

06 다음 거래의 결합관계와 거래의 종류를 표시하시오.

(1) 상품 ₩500,000을 매입하고, 대금 중 반액은 현금으로 지급하고, 잔액은 외상으로 하다.

(2) 이달분 인터넷 사용료 ₩25,000과 전기요금 ₩153,900이 보통예금에서 자동 납부되다.

(3) S-Oil에서 업무용차량에 주유하고 현금으로 지급하다.

(4) 우리은행에 예치된 정기예금이 만기가 되어 원금 ₩10,000,000과 당기 발생분 이자 ₩750,000이 당좌예금 통장으로 이체되다.

NO	차변요소	대변요소	거래의 종류
(1)			
(2)			
(3)			
(4)			

검정문제 06

01 다음 중 회계상 거래가 아닌 것은?

① 차량운반구를 3,000,000원에 처분하고, 대금은 다음달에 받기로 한다.

② 상품을 판매하고, 대금의 50%를 현금으로 받고, 나머지는 월말에 받기로 하다.

③ 상품 300,000원을 구입하기로 계약을 체결한다.

④ 은행으로부터 10,000,000원을 차입하고 그 금액을 보통예금에 입금하다.

02 다음 내용을 적절하게 설명한 것은?

•상품의 도난 •자산의 감가현상 •화재손실 •채권의 회수불가능액

① 회계상의 거래가 아니면서 일반적인 거래에 해당되는 것

② 회계상의 거래이면서 일반적인 거래에 해당하는 것

③ 일반적인 거래가 아니면서 회계상의 거래에 해당되는 것

④ 일반적인 거래도 아니고 회계상의 거래도 아닌 것

03 기업의 경영활동에서 자산, 부채 및 자본의 증감변화를 가져오는 일체의 경제적 사건은?

① 계정   ② 거래

③ 분개   ④ 전기

04 다음의 거래요소 중 차변에 올 수 <u>없는</u> 것은?

① 자산의 감소   ② 부채의 감소

③ 자본의 감소   ④ 비용의 발생

05 다음의 거래 요소 중 대변에 올 수 <u>없는</u> 것은?

① 수익의 발생   ② 부채의 감소

③ 자산의 감소   ④ 자본의 증가

06 하나의 거래에서 동시에 나타날 수 <u>없는</u> 결합관계는?

① 자산의 증가와 수익의 발생　② 부채의 증가와 자본의 증가
③ 비용의 발생과 자산의 감소　④ 자산의 증가와 자본의 증가

07 다음과 같은 결합관계를 갖는 거래는?

> (차변) 비용의 발생 － (대변) 자산의 감소

① 현금 ₩200,000을 우리은행에 보통예금으로 예입하다.
② 상품 ₩40,000을 외상으로 매출하다.
③ 비품 ₩30,000을 구입하고 대금은 1주일 후에 지급하기로 하다.
④ 자동차세 ₩380,000을 현금으로 지급하다.

08 다음 거래의 종류와 거래예시의 연결이 <u>틀린</u> 것은?

① 교환거래 － 현금 ₩100,000을 거래처에 대여하다.
② 혼합거래 － 이달분 전기요금 ₩30,000과 전화요금 ₩26,000을 현금으로 납부하다.
③ 손익거래 － 화물차의 자동차보험을 보험회사에 들고 ₩260,000을 현금으로 납부하다.
④ 교환거래 － 외상매입금 ₩50,000을 현금으로 지급하다.

제7장

분개와 분개장

07 분개와 분개장

1 분개의 뜻

거래가 발생하면 자산·부채·자본 및 수익과 비용의 증감 변화를 어느 계정에 기입할 것인지, 차변 또는 대변 중 어느 쪽에 기입할 것인지, 얼마를 기입할 것인지를 결정하는 절차를 분개라 한다.

2 분개장

거래가 발생한 순서대로 분개하여 기입하는 장부를 분개장(journal book)이라 한다. 분개장은 총계정원장의 각 계정계좌에 전기하기 위한 준비 또는 매개 역할을 할 뿐만 아니라, 거래를 최초로 기입하는 장부이기 때문에 원시장부라고도 하며, 회계의 계산상 기본적인 장부이기 때문에 주요부에 속한다.

(1) 분개장 양식

<병립식>　　　　　　　　　　　　　분　개　장　　　　　　　　　　　　　(1)

월	일	적　　　　　　요	원면	차　변	대　변
3	5	(현　　금)	1	300,000	
		(자 본 금)	12		300,000
		현금을 출자하여 개업			
		(상　품)　　　　　　제　좌	5	50,000	
		(현　　　　금)	1		30,000
		(외상매입금)	7		20,000
		송도상회에서 갑상품 매입			

<분할식>　　　　　　　　　　　　　분　개　장　　　　　　　　　　　　　(1)

차　변	원면	적　　　　　　요	원면	대　변
		3/5		
300,000	1	(현금)　　　　　　　　　(자본금)	20	300,000
		현금을 출자하여 개업		

(2) 분개장 기입 방법

① 날짜 : 거래가 발생한 날짜를 그대로 기입한다.

② 적요 : 분개의 계정과목을 (   )하여 기입한다. 이때 계정과목이 2개 이상이면, '제좌'라 기입하고 그 아래에 계정과목을 기입한다. 그리고 그 다음 줄에 거래 내용을 간단하게 기입하고 붉은 줄을 그어 다음 거래와 구분한다.

③ 원면 : 총계정원장에 전기할 때 총계정원장의 쪽수를 기입한다.

④ 차변, 대변 : 계정 과목에 해당하는 금액을 기입한다.

⑤ 면의 이월 : 한 거래를 모두 기입할 여백이 없을 때에는 적요란에 '다음 면에' 라고 기입하고 차변 금액란과 대변 금액란에 붉은 줄을 긋고 합계액을 기입한다. 그리고 그 다음 면의 첫 줄 적요란에 '앞면에서'라 기입하고 앞면의 합계액을 기입한다.

⑥ 분개장의 마감 : 금액란에 한 줄(합계선)을 긋고 대·차의 누계액을 기입한 다음 일자란과 대차 금액란에 두 줄을 긋는다. 이것을 장부의 마감 선이라 한다.

▌장부 기장 시 사용되는 기호나 약자

₩	원	**@**	단가(at)
a/c	계정(account)	**#**	번호(number)
Dr	차변(debtor)	**Cr**	대변(creditor)
√	대조필(check mark), 전기불필요	**〃**	위와 같음(ditto mark)
T/B	시산표(trial balance)	**W/S**	정산표(working sheet)
분면	분개장 면수	**원면**	총계정원장의 면 수
F/P	재무상태표(Statement of Finacial Position)	**$**	달러
IS, P/L	손익계산서(income statement, 또는 profit & loss statement)		

 멘토 노트

- 들어오면 차변, 나가면 대변
- 비용이 생기면 차변, 수익이 생기면 대변
- 외상거래 ┌ 상품일 때 : 외상매출금 / 외상매입금
           └ 상품이 아닐 때 : 미수금 / 미지급금

기본문제 07

01 다음 거래를 분개하시오.

(1) 유진상회에 상품₩50,000을 매출하고, 대금은 현금으로 받다.
(2) 대구상회에서 현금 ₩100,000을 차입하다.
(3) 건물에 대한 임대료 ₩10,000을 현금으로 받다.
(4) 단기대여금 ₩100,000과 그 이자 ₩2,000을 현금으로 받다.
(5) 다정상회에 상품 ₩60,000(원가 ₩50,000)을 매출하고 대금은 현금으로 받다.

No	차변과목	금액	대변과목	금액
(1)				
(2)				
(3)				
(4)				
(5)				

02 다음 거래를 분개하시오.

(1) 보경상회에서 상품 ₩200,000을 매입하고, 대금은 현금으로 지급하다.
(2) 영업용 책상과 의자 ₩40,000을 구입하고 대금은 현금으로 지급하다.
(3) 설화상점의 외상매입금 ₩60,000을 현금으로 지급하다.
(4) 천광상회의 단기차입금 ₩100,000과 그 이자 ₩20,000을 현금으로 상환하다.
(5) 신한은행과 당좌거래계약을 체결하고 현금 ₩1,000,000을 당좌예입하다.

No	차변과목	금액	대변과목	금액
(1)				
(2)				
(3)				
(4)				
(5)				

03 다음 거래를 분개하시오.

(1) 한강상회에서 상품 ₩50,000을 매입하고, 대금은 현금으로 지급하다.

(2) 찬송상점에서 상품 ₩30,000을 매입하고, 대금은 외상으로 하다.

(3) 상품 ₩20,000을 매입하고, 대금은 당좌수표를 발행하여 지급하다.

(4) 상품 ₩60,000을 매입하고, 대금은 3개월 만기의 약속어음을 발행하여 지급하다.

(5) 상품 ₩150,000을 매입하고, 대금 중 ₩100,000은 당좌수표를 발행하여 지급하고, 잔액은 월말에 주기로 하다.

No	차변과목	금액	대변과목	금액
(1)				
(2)				
(3)				
(4)				
(5)				

04 다음 거래를 분개하시오.

(1) 신부상회에 상품 ₩50,000을 매출하고, 대금은 현금으로 받다.

(2) 불당상점에 상품 ₩30,000을 매출하고, 대금은 외상으로 하다.

(3) 상품 ₩20,000을 매출하고, 대금은 동점발행 당좌수표로 받다.

(4) 상품 ₩60,000을 매출하고, 대금은 3개월 만기의 약속어음을 받다.

(5) 상품 ₩150,000을 매출하고, 대금 중 ₩100,000은 동점발행 당좌수표로 받고, 잔액은 월말에 받기로 하다.

No	차변과목	금액	대변과목	금액
(1)				
(2)				
(3)				
(4)				
(5)				

05 다음 거래를 분개하시오.

(1) 상품 ₩28,000을 매입하고, 대금 중 20,000은 현금으로 지급하고, 잔액은 외상으로 하다.

(2) 영업용 건물 ₩5,000,000을 구입하고, 대금 중 ₩3,000,000은 당좌수표를 발행하여 지급하고, 잔액은 월말에 지급하기로 하다.

(3) 영업용 트럭 ₩1,500,000을 구입하고 현금으로 지급하다.

(4) 상품 ₩80,000을 매출하고 대금은 외상으로 하다.

(5) 외상매출금 ₩50,000을 현금으로 회수하다.

No	차변과목	금액	대변과목	금액
(1)				
(2)				
(3)				
(4)				
(5)				

06 다음 거래를 분개하시오.

(1) 상품 ₩30,000을 매출하고, 그 대금은 약속어음으로 받다.

(2) 소지하고 있던 약속어음 ₩30,000을 현금으로 추심하다.

(3) 영업용 건물 ₩7,000,000을 매각 처분하고, 대금 중 ₩5,000,000은 자기앞수표로 받고, 잔액은 월말에 받기로 하다.

(4) 거래처 부성기업에 현금 ₩100,000을 대여하다.

(5) 단기대여금 ₩50,000을 현금으로 회수하다.

No	차변과목	금액	대변과목	금액
(1)				
(2)				
(3)				
(4)				
(5)				

07 다음 거래를 분개하시오.

(1) 충청상회에서 상품 ₩300,000을 매입하고, 대금 중 ₩250,000은 당좌수표를 발행하여 지급하고, 잔액은 외상으로 하다.

(2) 외상매입금 ₩50,000을 약속어음을 발행하여 지급하다.

(3) 국민은행에서 현금 ₩500,000을 빌려오다.

(4) 단기차입금 ₩500,000을 보통예금으로 지급하다.

(5) 영업용 컴퓨터 ₩850,000을 구입하고 대금은 월말에 지급하기로 하다.

No	차변과목	금 액	대변과목	금 액
(1)				
(2)				
(3)				
(4)				
(5)				

08 다음 거래를 분개하시오.

(1) 현우상회에서 상품 ₩200,000을 매입하고 약속어음을 발행하여 지급하다.

(2) 지급어음 ₩200,000을 당좌수표를 발행하여 지급하다.

(3) 거래처에 현금 ₩200,000을 빌려주고 차용증서를 받다.

(4) 단기대여금 ₩200,000과 그 이자 ₩15,000이 당사 보통예금계좌로 입금되다.

(5) 영업용 토지 ₩850,000을 매각처분하고 대금은 월말에 받기로 하다.

No	차변과목	금 액	대변과목	금 액
(1)				
(2)				
(3)				
(4)				
(5)				

09 다음 거래를 분개하시오.

(1) 현금 ₩1,000,000을 출자하여 영업을 개시하다.

(2) 상품 ₩600,000을 출자하여 상품매매업을 시작하다.

(3) 현금 ₩1,000,000과 건물 ₩8,000,000을 출자하여 영업을 시작하다.

(4) 현금 ₩3,000,000(단기차입금 ₩1,000,000 포함)으로 영업을 시작하다.

No	차변과목	금 액	대변과목	금 액
(1)				
(2)				
(3)				
(4)				

10 다음 거래를 분개하시오.

(1) 국민은행에 예입한 예금 이자 ₩80,000을 현금으로 받다.

(2) 상품매매를 알선하고 중개수수료 ₩45,000을 현금으로 받다.

(3) 건물 임대료 ₩30,000을 현금으로 받아, 즉시 보통예금하다.

(4) 상품 ₩130,000(원가 ₩100,000)을 매출하고 대금 외상으로 하다.

(5) 단기대여금 ₩50,000과 그 이자 ₩3,000을 현금으로 받다.

(6) 거래처에 전산장비를 1주일간 빌려주고 사용료 ₩50,000을 현금으로 받다.

No	차변과목	금 액	대변과목	금 액
(1)				
(2)				
(3)				
(4)				
(5)				
(6)				

11 다음 거래를 분개하시오.

(1) 단기차입금 ₩50,000을 현금으로 지급하다.

(2) 외상매입금 ₩100,000을 현금으로 지급하다.

(3) 지급어음 대금 ₩800,000을 수표 발행하여 지급하다.

(4) 미지급금 ₩30,000을 수표 발행하여 지급하다.

No	차변과목	금 액	대변과목	금 액
(1)				
(2)				
(3)				
(4)				

12 다음 거래를 분개하시오.

(1) 종업원의 이달분 급여 ₩200,000을 현금으로 지급하다.

(2) 총무과에서 사용할 사무용품을 구입하고 대금 ₩20,000을 현금으로 지급하다. (비용으로 계상할 것)

(3) 전화요금 ₩162,500을 현금으로 납부하다.

(4) 상품 선전에 사용할 사진을 촬영하고 대금 ₩300,000을 신용카드로 결제하다.

(5) 마케팅 부서에서 사용할 경영전략과 관련된 서적을 교보문고에서 ₩14,000에 현금으로 구입하였다.

(6) 회사에서 사용하는 승용차 자동차세 ₩480,000을 현금으로 납부하였다.

(7) 영업용트럭의 주유대금 ₩70,000을 법인 신용카드로 결제하다.

No	차변과목	금 액	대변과목	금 액
(1)				
(2)				
(3)				
(4)				
(5)				
(6)				
(7)				

13 다음 거래를 분개하시오.

(1) 상품 ₩20,000(원가₩15,000)을 매출하고 현금으로 받다.

(2) 상품 ₩30,000(원가 ₩45,000)에 매출하고 현금으로 받다.

(3) 보람상사의 단기대여금 ₩30,000과 그 이자 ₩2,000을 현금으로 받다.

(4) 인천상사의 단기차입금 ₩50,000과 그 이자 ₩2,000을 현금으로 지급하다.

No	차변과목	금 액	대변과목	금 액
(1)				
(2)				
(3)				
(4)				

14 다음 거래를 분개하시오.

(1) 현금 ₩1,000,000과 건물 ₩3,000,000을 출자하여 개업하다.

(2) 체인점 모집을 위한 광고용품 제작비용 ₩60,000을 현금으로 지급하다.

(3) 점포임차료 ₩40,000을 현금으로 송금하고, 송금수수료 ₩800을 현금으로 지급하였다.

(4) 태풍으로 피해를 입은 수재민을 돕기 위해 ₩200,000을 현금으로 동아일보에 지급하다.

No	차변과목	금 액	대변과목	금 액
(1)				
(2)				
(3)				
(4)				

80

15 다음 거래를 보기와 같이 분개하고, 거래의 결합관계를 표시하시오.

> **보기**
>
> 춘천상사의 외상매출금 ₩500,000을 자기앞수표로 받다.

(1) 보람은행의 보통예금 계좌에 결산이자 ₩30,000이 입금되었음을 통지 받다.

(2) 업무용 핸드폰 통화요금 3월분 ₩60,000을 국민은행에 현금으로 납부하다.

(3) 한남은행에서 현금 ₩4,500,000을 차입하다. (상환기간 6개월)

(4) 업무용 책상과 의자 ₩600,000을 영남가구에서 구입하고, 대금 중 ₩200,000 은 우리은행 보통예금에서 계좌 이체하여 지급하고, 잔액은 외상으로 하다.

(5) 천일산업에 대한 외상매입금 ₩280,000을 약속어음을 발행하여 지급하다.

(6) 대명가든에서 총무부 직원회식비 ₩630,000을 외상으로 처리하다.

(7) 거래처 영업부과장 부친 별세 조의금으로 현금 ₩100,000을 전달하다.

No	차변과목	금 액	대변과목	금 액
보기	현 금 (자산의 증가)	500,000	외 상 매 출 금 (자산의 감소)	500,000
(1)	( )		( )	
(2)	( )		( )	
(3)	( )		( )	
(4)	( )		( )	
			( )	
(5)	( )		( )	
(6)	( )		( )	
(7)	( )		( )	

16 다음 거래를 보기와 같이 분개하고, 거래의 결합관계와 거래종류를 표시하시오.

보기

> 사업자금이 부족하여 거래처에 차용증서를 발행하고 현금 ₩200,000을 단기차입하다.

(1) 영업용 승용차 1대를 ₩30,000,000에 구입하고, 대금 중 ₩10,000,000은 당좌수표를 발행하여 지급하고, 잔액은 12개월 할부로 지급하기로 하다.

(2) 영업용 승용차의 엔진오일을 보충하고 카센터에 현금 ₩50,000을 지급하다.

(3) 관리부장의 급여 ₩2,000,000원 중 소득세 ₩82,000을 차감한 잔액을 보통예금 계좌에서 이체하여 지급하다.

(4) 상품 ₩2,000,000(원가 ₩1,800,000)을 매출하고 대금은 자기앞수표로 받다.

(5) 통신비 ₩34,000과 여비교통비 ₩50,000을 현금으로 지급하다.

(6) 단기차입금 ₩500,000과 이자 ₩20,000을 함께 대금은 동점발행수표로 지급하다.

No	차변과목	금 액	대변과목	금 액	거래종류
보기	현 금 (자산의 증가)	200,000	단 기 차 입 금 (부채의 증가)	200,000	교환거래
(1)	( )		( ) ( )		
(2)	( )		( ) ( )		
(3)	( )		( ) ( )		
(4)	( )		( ) ( )		
(5)	( ) ( )		( )		
(6)	( ) ( )		( )		

82

17 다음 거래를 분개장에 기입하여라.

3월 1일 현금 ₩3,000,000을 출자하여 사업을 개시하다.

5일 오성상점에서 상품 ₩130,000을 매입하고 대금은 외상으로 하다.

16일 봉서상점에 원가 ₩100,000의 상품을 ₩120,000에 매출하고, 대금은 외상으로 하다.

22일 영업용승용차의 엔진오일을 교환하고, 현금 ₩50,000을 지급하다.

31일 전화요금 ₩43,000과 전기요금 ₩130,000을 보통예금으로 납부하다.

분 개 장 (1)

날짜	적 요	원면	차 변	대 변

검정문제 ⑦

01 판매용 컴퓨터를 매입하고, 대금은 1개월 후에 지급하기로 한 거래의 분개에서 대변 계정과목으로 옳은 것은?

① 미지급금

② 미수금

③ 외상매입금

④ 선수금

02 사무실 인터넷요금 ₩50,000을 보통예금계좌에서 자동이체 납부한 경우 알맞은 분개는?

① (차) 수도광열비　50,000　　　(대) 보통예금　50,000

② (차) 통 신 비　50,000　　　(대) 보통예금　50,000

③ (차) 도서인쇄비　50,000　　　(대) 당좌예금　50,000

④ (차) 수도광열비　50,000　　　(대) 당좌예금　50,000

03 다음 거래를 분개할 때 (가)와 (나)의 대변 계정과목을 표시한 것 중 옳은 것은?

> (가) 단기대여금에 대한 이자 ₩60,000을 현금으로 받다.
> (나) 소유하고 있는 토지를 임대하고, 월세 ₩380,000을 보통예금으로 받다.

	(가)	(나)		(가)	(나)
①	이자수익	수수료수익	②	이자비용	임 대 료
③	이자수익	임 대 료	④	이자비용	수수료수익

04 거래처 서울상회에서 현금 ₩900,000을 9개월 후 상환 조건으로 빌려 오고, 차용증서를 발행하여 준 경우, 올바른 분개는?

① (차) 현　　　금　900,000　　　(대) 단기차입금　900,000

② (차) 현　　　금　900,000　　　(대) 지 급 어 음　900,000

③ (차) 단기대여금　900,000　　　(대) 현　　　금　900,000

④ (차) 현　　　금　900,000　　　(대) 차 용 증 서　900,000

05 다음 중 거래에 따른 분개가 가장 적절하게 처리된 것은?

① 상품 ₩50,000을 외상으로 매입하다.

    (차) 상   품   50,000   (대) 외상매출금   50,000

② 상품 외상구입대금 ₩200,000을 당좌수표를 발행하여 주다.

    (차) 외상매입금   200,000   (대) 지 급 어 음   200,000

③ 상품 ₩100,000을 매출하고 대금은 현금으로 받다.

    (차) 상   품   100,000   (대) 현   금   100,000

④ 은행에서 빌린 ₩200,000과 이에 대한 이자 ₩10,000을 현금으로 갚다.

    (차) 차   입   금   200,000   (대) 현   금 210,000

         이 자 비 용   10,000

06 거래가 발생한 순서대로 기입하며, 총계정원장의 각 계정계좌에 전기하기 위한 준비 또는 매개역할을 하고, 거래를 최초로 기입하는 장부이기도 한 것은?

① 원장   ② 보조기입장

③ 분개장   ④ 보조원장

Memo

제8장

전표회계

08 전표회계

1 전표회계의 뜻

거래를 분개하여 기장할 때는 일정한 크기와 형식을 갖춘 용지에 거래내용을 기입하여 사용한다. 이 용지를 전표라 하며, 이러한 일련의 회계처리를 전표회계라 한다. 실무에서는 영세한 소규모 기업 이외에는 분개장 대신 전표를 이용한 회계처리가 일반적이다.

2 전표의 특징

(1) 전표회계의 장점

① 분개장 대신 사용한다.
② 각 부서별로 기장 업무를 분담시킬 수 있다.
③ 기장에 대한 책임 소재가 분명해진다.
④ 기장 업무의 전산화를 꾀할 수 있다.
⑤ 장부조직의 간소화로 원장에 전기가 간편해지며, 기장 오류가 적어진다.

(2) 전표회계의 단점

① 분실위험이 높다.
② 보관이 불편하다.

3 전표의 종류

전표의 종류는 기업의 규모와 업종에 따라 그 종류를 선택할 수 있으나, 가장 일반적인 방법은 입금전표, 출금전표, 대체전표를 사용하는 3전표제이다.

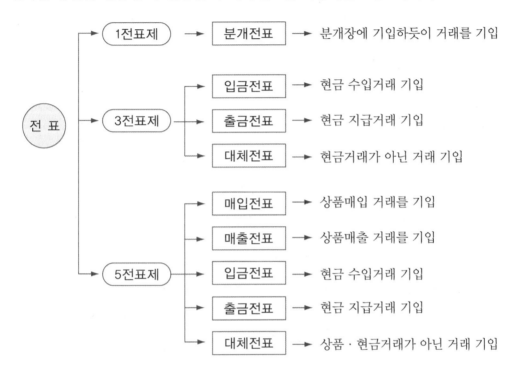

[전표의 기표와 전기 과정]

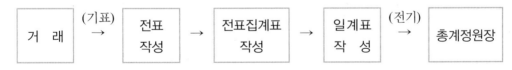

4 전표 작성

일반적으로 가장 많이 사용되는 입금전표, 출금전표, 대체전표를 사용하는 경우이다.

(1) 입금전표(전표양식은 적색)

9월 5일 한강상점에 대한 외상매출금 ₩250,000을 자기앞수표로 받다.

(차) 현　　　　금　　250,000　　　　　(대) 외 상 매 출 금　　250,000

No. 1	입 금 전 표 20××년 9월 5일	부장	(인)	과장	(인)	계	(인)

과 목	외상매출금	거래처			한 강 상 점			
외상매출금을 자기앞수표로 회수					2	5 0	0 0	0
합　　계					2	5 0	0 0	0

[학습용 입금전표]

입금전표
외상매출금 250,000

입금전표가 현금차변을 말하기 때문에 현금은 기표하지 않는다.

(2) 출금전표(전표양식은 청색)

9월 5일 신한은행에 현금 ₩200,000을 당좌예금하다.

(차) 당 좌 예 금　　200,000　　　　　(대) 현　　　　금　　200,000

No. 2	출 금 전 표 20××년 9월 5일	부장	(인)	과장	(인)	계	(인)

과 목	당좌예금	거래처			신 한 은 행			
현금을 당좌예입					2	0 0	0 0	0
합　　계					2	0 0	0 0	0

[학습용 출금전표]

출금전표
당좌예금 250,000

출금전표가 현금대변을 말하기 때문에 현금은 기표하지 않는다.

(3) 대체전표(전표양식은 흑색)

9월 5일 청수상점에 갑상품 100개 @₩2,000 ₩200,000을 외상으로 매출하다.

　(차) 외 상 매 출 금　　200,000　　　　　(대) 상　　　　품　　200,000

No. 3	대 체 전 표 20×× 년 9월 5일	부장	(인)	과장	(인)	계	(인)

과　목	금　액	과　목	금　액
외상매출금	2 0 0 0 0 0	상　　품	2 0 0 0 0 0
합　계	2 0 0 0 0 0	합　계	2 0 0 0 0 0

[학습용 대체전표]

대체전표	
외상매출금 200,000	상　　품 200,000

 멘토 노트

- 현금이 들어오면 입금전표, 현금이 나가면 출금전표, 현금이 없으면 대체전표
- 전표색 : 입금전표는 빨간색(입빨), 출금전표는 청색(출청), 대체전표는 검은색(대검)

01 백제상점의 다음 거래를 전표분개로 분개하고, 다음의 약식전표(입금전표, 출금전표, 대체전표)에 기표하시오.

(1) 신한은행에서 현금 ₩5,000,000을 8개월 후 상환하기로 하고, 현금으로 차입하다.

(2) 당사 영업부 사원의 결혼식에 축의금 ₩50,000을 현금으로 지급하다.

(3) 흑성산업에 10개월 동안 ₩150,000을 연이율 10%로 대여하기로 약정하고, 당좌수표를 발행하여 교부하다.

(4) 오성전자에 상품 ₩70,000을 외상으로 판매하고, 운반비 ₩3,000은 당사가 부담하여 현금으로 지급하다.

(5) 지혜상사의 외상매출금 ₩1,000,000에 대하여 ₩700,000은 약속어음으로 받고, 잔액은 현금으로 받다.

No	차변과목	금 액	대변과목	금 액
(1)				
(2)				
(3)				
(4)				
(5)				

입금전표

대체전표

입금전표

대체전표

출금전표

대체전표

출금전표

02 문식상점의 다음 거래를 전표분개로 분개하고, 다음의 약식전표(입금전표, 출금전표, 대체전표)를 작성하시오.

(1) 영업용 화물차의 타이어와 엔진오일을 금강 카센터에서 교체하고 ₩250,000을 현금으로 지급하다.

(2) 당월분 직원급여 ₩3,200,000을 당사 보통예금계좌에서 종업원급여계좌로 이체하여 지급하다.

(3) 매장의 일부를 빌려주고 3개월분 사용료 ₩300,000을 현금으로 받다.

(4) 송이정보에서 업무용 컴퓨터를 ₩1,500,000에 외상으로 구입하고, 운임 ₩30,000은 현금으로 지급하다.

(5) 다연패션에서 판매용 의류 ₩900,000을 매입하고, 대금 중 ₩500,000은 약속 어음을 발행하여 지급하고, 잔액은 현금으로 지급하다.

No	차변과목	금 액	대변과목	금 액
(1)				
(2)				
(3)				
(4)				
(5)				

입금전표	대체전표

출금전표	대체전표

출금전표	대체전표

출금전표

검정문제 ⑧

01 3전표제에서 3전표에 해당하지 <u>않는</u> 것은?

① 입금전표　　　　　　　　　② 출금전표
③ 대체전표　　　　　　　　　④ 매입전표

02 다음 거래가 기입되어야 할 전표로 옳은 것은?(3전표제)

> 상품 ₩250,000을 매입하고, 대금은 1개월 후에 지급하기로 하다.

① 입금전표　　　　　　　　　② 출금전표
③ 매출전표　　　　　　　　　④ 대체전표

03 다음 거래는 어느 전표에 기표되는가?

> 외상매입금 ₩350,000 중 ₩150,000은 소유하고 있던 외환은행 발행 자기앞
> 수표로 지급하고, 잔액은 3개월 후 약속어음을 발행하여 지급하다.

① 입금전표, 출금전표　　　　② 입금전표, 대체전표
③ 출금전표, 대체전표　　　　④ 대체전표

04 다음 약식전표의 분개로서 옳은 것은?

입 금 전 표	No.24
(외상매출금)	320,000

① (차) 현　　　금　320,000　　(대) 외상매출금　320,000
② (차) 상　　　품　320,000　　(대) 외상매출금　320,000
③ (차) 현　　　금　320,000　　(대) 외상매입금　320,000
④ (차) 외상매출금　320,000　　(대) 현　　　금　320,000

05 다음 중 분개장 및 전표에 대한 설명으로 옳지 <u>않은</u> 것은?

① 거래의 발생 순서대로 분개장에 기록한다.

② 총계정원장에 전기하기 위한 이전 단계로 분개장에 분개한다.

③ 분개장 대신 일반적으로 전표를 사용한다.

④ 3전표제에서 3전표란 입금전표, 매출전표, 대체전표를 말한다.

Memo

제9장

총계정원장과 전기

09 총계정원장과 전기

1 총계정원장의 뜻

분개장의 분개를 계정과목별로 집계하기 위하여 설정된 장부를 총계정원장 (general ledger) 또는 원장이라 한다. 따라서 총계정원장은 자산, 부채, 자본, 수익, 비용에 속하는 계정과목별로 집계된다.

2 전기의 뜻

거래를 분개장에 분개한 후 분개에 의하여 총계정원장(원장)의 각 계정계좌에 옮겨 기입하는 것을 전기(posting)라 한다.

3 전기의 방법

(1) 거래발생일을 해당 계정 해당 위치에 기입한다.
(2) 반대편계정과목을 기입한다. (계정과목이 둘 이상이면 제좌)
(3) 자기계정 금액을 기입한다.

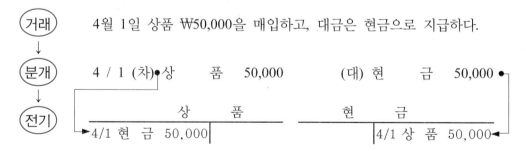

4 분개의 추정

총계정원장의 내용을 역순으로 하여 분개를 알아내는 것을 분개의 추정이라 한다.

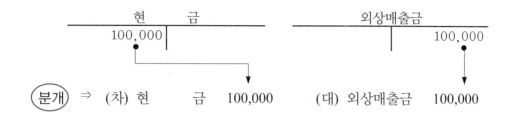

멘토 노트

- 전기 : 분개장에서 총계정원장으로 옮기는 것
- 대체 : 하나의 계정에서 다른 계정으로 이동하는 것

기본문제 ⑨

01 다음 분개를 총계정원장에 전기하시오.

(1) 3/ 2 (차) 현   금   500,000   (대) 자 본 금   500,000

현 금	자 본 금

(2) 3/ 5 (차) 상   품   200,000   (대) 현   금   50,000
                                          외상매입금   150,000

현 금	상 품
3/2 자 본 금 500,000	

외상매입금

(3) 3/13 (차) 외상매입금   150,000   (대) 지 급 어 음   150,000

외상매입금	지급어음
3/5 상 품 150,000	

(4) 3/19 (차) 현   금   130,000   (대) 상   품   200,000
                외상매출금   120,000   상품매출이익   50,000

현 금	외상매출금
3/ 2 자 본 금 500,000 3/ 5 상 품 50,000	

상 품	상품매출이익
3/ 5 제 좌 200,000	

(5) 3/24 (차) 복리후생비   30,000   (대) 현   금   30,000

현 금	복리후생비
3/ 2 자 본 금 500,000 3/ 5 상 품 50,000	
19 제 좌 130,000	

02 다음 거래를 분개하고 총계정 원장에 전기하시오.

6월 3일 현금 ₩2,500,000을 출자하여 사업을 시작하다.

　8일 신한은행에서 ₩2,000,000을 차입하여 보통예금에 입금하다.

　11일 효성상사에서 상품 ₩850,000을 매입하고, 보통예금에서 ₩500,000을 지급하고, 잔액은 외상으로 하다.

　16일 외상매입금 ₩300,000을 현금으로 지급하다.

　18일 연진상사에서 상품 ₩1,100,000(원가 ₩800,000)을 외상으로 매출하다.

　23일 외상매출금 ₩600,000을 보통예금으로 받다.

날짜	차변과목	금 액	대변과목	금 액
6 / 3				
8				
11				
16				
18				
23				

총 계 정 원 장

현　　　금　　(1)	보 통 예 금　　(2)

외상매출금　　(3)	상　　　품　　(4)

외상매입금　　(5)	단기차입금　　(6)

자 본 금　　(7)	상품매출이익　　(8)

03 총계정원장에 기입된 내용에 의하여 날짜순으로 분개를 추정하시오.

총 계 정 원 장

현 금 (1)		보통예금 (2)	
6/ 3 자 본 금 2,500,000	6/16 외상매입금 300,000	6/ 8 단기차입금 2,000,000	6/11 상 품 500,000
		23 외상매출금 600,000	

외상매출금 (3)		상 품 (4)	
6/18 제 좌 1,100,000	6/23 보통예금 600,000	6/11 제 좌 850,000	6/18 외상매출금 800,000

외상매입금 (5)		단기차입금 (6)	
6/16 현 금 300,000	6/11 상 품 350,000		6/ 8 보통예금 2,000,000

자 본 금 (7)		상품매출이익 (8)	
	6/ 3 현 금 2,500,000		6/18 외상매출금 300,000

날짜	차변과목	금 액	대변과목	금 액
6 / 3				
8				
11				
16				
18				
23				

04 다음 계정에 기입된 내용에 의하여 분개를 추정하시오.

(1)
상 품	
	현 금 300,000

(2)
받을어음	
	당좌예금 500,000

(1) (차) _____ (대) _____   (2) (차) _____ (대) _____

(3)
외상매입금	
현 금 254,000	

(4)
도서인쇄비	
보통예금 32,800	

(3) (차) _____ (대) _____   (4) (차) _____ (대) _____

05 다음 계정 기입에 의하여 거래를 추정하시오.

(1)
현 금	
자 본 금 500,000	

(거래) _____

(2)
통신비	
현 금 38,600	

(거래) _____

(3)
상 품	
290,000	

외 상 매 입 금	
	290,000

(거래) _____

(4)
외 상 매 출 금	
80,000	

상 품	
	50,000

상품매출이익	
	30,000

(거래) _____

검정문제 09

01 다음 계정 기입에 대한 설명으로 옳은 것은?

보통예금			외상매출금	
80,000				80,000

① 상품 ₩80,000을 외상으로 매출하다.
② 외상매출금 ₩80,000을 보통예금으로 받다.
③ 외상매입금 ₩80,000을 보통예금으로 지급하다.
④ 상품 ₩80,000을 매입하고, 대금은 현금으로 지급하다.

02 다음의 계정에 대한 설명으로 올바른 것은?

외상매입금			지급어음	
160,000				160,000

① 상품 ₩160,000을 매입하고 ₩80,000은 약속어음을 발행하여 주고, ₩80,000은 외상으로 하다.
② 외상매입금 ₩160,000을 약속어음을 발행하여 지급하다.
③ 상품 ₩160,000을 외상으로 매입하다.
④ 상품 ₩160,000을 매입하고 약속어음을 발행하여 지급하다.

03 다음 거래의 예를 각 원장에 전기했을 때 올바르게 전기된 것은?

> 우리상사에 상품 ₩50,000을 매입하고, ₩30,000은 현금으로 주고, 잔액은 외상으로 하다.

① 현 금 | 상 품 30,000

② 상 품 | 제 좌 50,000

③ 외상매입금 | 상 품 20,000 |

④ 제 좌 | 현 금 30,000 |

04 다음 (   ) 안에 들어갈 적절한 말을 순서대로 적은 것은?

> 자산, 부채, 자본의 증감변화를 (   )라 하고, 분개장에서 총계정원장으로 옮겨 적는 것을 (   )라 하며, 하나의 계정에서 다른 계정으로 이동하는 것을 (   )라 한다.

① 거래의 이중성, 전기, 대차평균의 원리
② 거래, 전기, 대차평균의 원리
③ 거래, 전기, 대체
④ 거래의 이중성, 전기, 복식회계의 원리

Memo

제10장

결산(決算)

10 결산(決算)

1 결산의 뜻과 절차

(1) 결산의 뜻

기업에서 작성한 분개장과 총계정원장만으로는 기업의 재무상태와 경영성과를 명확하게 파악할 수가 없다. 회계기간 중에 기록한 원장을 회계연도말에 정리하고 마감하여 그 기간에 발생한 순손익을 계산하고 재무상태를 밝혀야 하는데 이러한 일련의 과정들을 결산(closing)이라 한다.

(2) 결산절차

(가) 결산의 예비절차	① 시산표 작성 ② 재고조사표 작성(결산정리분개) ③ 정산표 작성

↓

(나) 결산의 본절차	① 총계정원장의 마감 　•손익계산서계정(수익, 비용) 마감 　•재무상태표계정(자산, 부채, 자본) 마감 ② 분개장 및 기타장부 마감

↓

(다) 결산보고서(재무제표) 작성절차	① 재무상태표 작성 ② 손익계산서 작성 ③ 현금흐름표 작성 ④ 자본변동표 작성 ⑤ 주석 표기

2 시산표(Trial Balance ; T/B)

(1) 시산표의 뜻

대차평균의 원리에 의하여 거래가 총계정원장 각 계정계좌에 전기가 정확한지 검증하기 위하여 작성하는 계정집계표를 시산표라고 한다. 거래 수가 많고 전기를 자주 하게 될 때에는 필요에 따라 매일, 매주, 매월 작성한다. 이것을 각각 일계표, 주계표, 월계표라고 한다.

(2) 시산표 종류

① **합계시산표** : 총계정원장의 각 계정의 차변 합계액과 대변 합계액을 모아서 작성하는 집계표를 말하며, 각 계정 차변 합계액은 시산표 차변에 대변 합계액은 시산표 대변에 기입한다. 합계시산표의 대·차 합계금액은 거래 총액을 나타내므로 분개장 합계금액과 일치한다.

② **잔액시산표** : 총계정원장 각 계정의 잔액을 모아 작성하는 계정집계표를 말한다. 자산비용은 차변에 부채·자본수익은 대변에 잔액이 기록되며, 정산표작성시 기초가 되고, 개략적인 재무상태와 경영성과도 파악된다.

잔 액 시 산 표

기말자산	300	기말부채	100
		기초자본	100
총 비 용	100	총 수 익	200

시산표 등식	기말자산 + 총비용 = 기말부채 + 기초자본 + 총수익

③ **합계잔액시산표** : 합계시산표와 잔액시산표를 한 표에 집계하여 작성한 표이다.

(3) 시산표의 작성 방법

총 계 정 원 장

현 금 (1)	
300,000	140,000

상 품 (2)	
180,000	80,000

외상매입금 (3)	
80,000	120,000

자 본 금 (4)	
	200,000

상품매출이익 (5)	
	60,000

급 여 (6)	
40,000	

합 계 시 산 표

차변	원면	계정과목	대변
300,000	1	현 금	140,000
180,000	2	상 품	80,000
80,000	3	외 상 매 입 금	120,000
	4	자 본 금	200,000
	5	상품매출이익	60,000
40,000	6	급 여	
600,000			600,000

잔 액 시 산 표

차변	원면	계정과목	대변
160,000	1	현 금	
100,000	2	상 품	
	3	외 상 매 입 금	40,000
	4	자 본 금	200,000
	5	상품매출이익	60,000
40,000	6	급 여	
300,000			300,000

합 계 잔 액 시 산 표

차 변		원면	계정과목	대 변	
잔액	합계			합계	잔액
160,000	300,000	1	현 금	140,000	
100,000	180,000	2	상 품	80,000	
	80,000	3	외 상 매 입 금	120,000	40,000
		4	자 본 금	200,000	200,000
		5	상품매출이익	60,000	60,000
40,000	40,000	6	급 여		
300,000	600,000			600,000	300,000

3 정산표

(1) 정산표의 뜻

원장 각 계정의 마감 전에 잔액시산표를 기초로 기업의 재무상태와 경영성과를 알기 위하여 손익계산서와 재무상태표를 함께 작성한 일람표를 정산표(working sheet ; W/S)라 한다.

(2) 정산표 작성 요령

- 시산표란에는 잔액시산표의 내용을 그대로 기입한다.
- 수익·비용계정은 손익계산서에 자산·부채·자본은 재무상태표에 각각 옮겨 적는다.
- 손익계산서와 재무상태표는 마감하여 당기순손익을 구한다.

(3) 6위식 정산표의 양식

정 산 표

6위식

계정과목	잔액시산표		손익계산서		재무상태표	
	차변	대변	차변	대변	차변	대변
현 금	160,000				160,000	
상 품	100,000				100,000	
외 상 매 입 금		40,000				40,000
자 본 금		200,000				200,000
상품매출이익		60,000		60,000		
급 여	40,000		40,000			
당 기 순 이 익			**20,000**			20,000
	300,000	300,000	60,000	60,000	260,000	260,000

🖋 멘토 노트

- 시산표 : 전기의 오류검증을 한다. 한 변의 금액 오류를 찾을 수 있다.
- 시산표 등식 : 기말자산 + 총비용 = 기말부채 + 기초자본 + 총수익

기본문제 ⑩

01 산화상사의 다음 총계정원장에 의하여 합계시산표와 잔액시산표를 작성하시오.

총 계 정 원 장

현 금 (1)	
240,000	30,000

외상매출금 (2)	
50,000	20,000

상 품 (3)	
80,000	50,000

외상매입금 (4)	
50,000	90,000

지 급 어 음 (5)	
20,000	40,000

자 본 금 (6)	
	200,000

상품매출이익 (7)	
	20,000

급 여 (8)	
10,000	

합 계 시 산 표

차변	원면	계정과목	대변

잔 액 시 산 표

차변	원면	계정과목	대변

02 상운상사의 다음 총계정원장에 의하여 합계잔액시산표를 작성하시오.

총 계 정 원 장

현　　금 (1)		외상매출금 (2)		받 을 어 음 (3)	
190,000	120,000	90,000	40,000	70,000	40,000

상　　품 (4)		건　　물 (5)		외상매입금 (6)	
280,000	80,000	1,000,000		60,000	460,000

단기차입금 (7)		자 본 금 (8)		상품매출이익 (9)	
120,000	320,000		(　　)		210,000

급　　여 (10)		보 험 료 (11)		세금과공과 (12)	
120,000		24,000		16,000	

합 계 잔 액 시 산 표

차 변		원면	계정과목	대 변	
잔　액	합　계			합　계	잔　액

03 나은상회의 20××년 12월 31일 총계정원장의 잔액을 자료로 하여 잔액시산표를 작성하시오.

[총계정원장 잔액]

현 금	60,000	단기대여금	10,000	외상매출금	50,000
상 품	70,000	비 품	80,000	단기차입금	90,000
외 상 매 입 금	50,000	미 지 급 금	20,000	자 본 금 ( )	
상품매출이익	60,000	임 대 료	20,000	급 여	16,000
세 금 과 공 과	10,000	보 험 료	8,000	이 자 비 용	6,000

잔 액 시 산 표

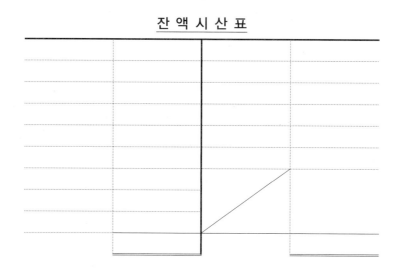

04 다음 ( ) 안에 알맞은 말을 채우시오.

(1) 총계정원장으로 전기가 정확한지 여부를 대차평균의 원리로 검증하기 위해 원장의 각 계정과 금액을 모아 작성한 일람표를 ( )라 한다.

(2) 결산의 예비절차에 나오는 시산표의 종류에는 ( ), ( ), ( )가 있다.

(3) 잔액시산표 차변에는 ( ) 항목과 ( ) 항목이 기입되고, 대변에는 ( ) 항목, ( ) 항목, ( ) 항목이 기입된다.

(4) 시산표등식은 기말자산 + 총비용 = ( ) + ( ) + ( )이다.

05 다음 정산표를 완성하시오.

정 산 표

권나은 상사　　20××년 1월 1일부터 20××년 12월 31일까지　　(단위 : 원)

계 정 과 목	잔 액 시 산 표		손 익 계 산 서		재 무 상 태 표	
	차　변	대　변	차　변	대　변	차　변	대　변
현　　　금	60,000					
단 기 대 여 금	10,000					
외 상 매 출 금	50,000					
상　　　품	70,000					
비　　　품	80,000					
단 기 차 입 금		90,000				
외 상 매 입 금		50,000				
미 지 급 금		20,000				
자　본　금		(　　　　)				
상 품 매 출 이 익		60,000				
임　대　료		20,000				
급　　　여	16,000					
세 금 과 공 과	10,000					
보　험　료	8,000					
이 자 비 용	6,000					
(　　　　　　)						
	310,000	310,000	(　　　)	(　　　)	(　　　)	(　　　)

06 다음 정산표를 완성하시오.

정 산 표

현숙 상사   20××년 1월 1일부터 20××년 12월 31일까지   (단위 : 원)

계 정 과 목	잔 액 시 산 표		손 익 계 산 서		재 무 상 태 표	
	차 변	대 변	차 변	대 변	차 변	대 변
현 금	480,000					
외 상 매 출 금	520,000					
상 품	600,000					
건 물	400,000					
외 상 매 입 금		260,000				
지 급 어 음		600,000				
자 본 금		1,200,000				
상품매출이익		620,000				
수 수 료 수 익		60,000				
급 여	380,000					
임 차 료	300,000					
보 험 료	20,000					
잡 손 실	40,000					
( )						
	2,740,000	2,740,000	( )	( )	( )	( )

01 결산의 예비절차에 속하지 <u>않는</u> 것은?

① 시산표 작성
② 재고조사표 작성
③ 정산표 작성
④ 손익계산서계정의 마감

02 결산의 본절차에 속하는 것은?

① 총계정원장의 마감
② 재무상태표 작성
③ 시산표작성
④ 손익계산서 작성

03 다음 중 시산표에 대한 설명으로 옳지 <u>않은</u> 것은?

① 전기의 정확성을 검증할 목적으로 작성된다.
② 분개장의 합계는 합계시산표 합계와 항상 일치한다.
③ 시산표는 자산, 부채, 자본, 수익, 비용이 모두 기록된다.
④ 전기의 모든 오류는 시산표에서 발견할 수 있다.

04 다음 중 잔액이 차변에 발생하는 계정은?

① 단기차입금
② 자본금
③ 받을어음
④ 이자수익

05 (가) 안에 들어갈 수 있는 계정과목은?

(가)	
80,000	150,000

① 외상매출금
② 미지급금
③ 당좌예금
④ 상 품

06 다음은 합계잔액시산표의 일부이다. (A)와 (B)에 들어갈 금액으로 알맞은 것은?

합 계 잔 액 시 산 표

잔 액	합 계	계정과목	합 계	잔 액
2,700	(A)	현 금	7,400	
	6,500	단기차입금	9,250	(B)

① (A) 10,100   (B) 2,750
② (A) 4,700   (B) 2,750
③ (A) 10,100   (B) 15,750
④ (A) 4,700   (B) 15,750

07 다음 중 잔액시산표의 등식으로 바르게 표시된 것은?

① 자산 = 부채 + 자본
② 총수익 － 총비용 = 당기순이익
③ 비용총액 + 순이익 = 수익총액 + 순손실
④ 기말자산 + 총비용 = 기말부채 + 기초자본 + 총수익

08 정산표는 다음 중 무엇을 기초로 하여 작성하는가?

① 합계시산표
② 잔액시산표
③ 분개장
④ 손익계산서

09 정산표에 대한 설명 중 틀린 것은?

① 정산표는 잔액시산표를 기초로 작성된다.
② 정산표는 잔액시산표, 손익계산서, 재무상태표를 한 표로 볼 수 있다.
③ 정산표의 당기순이익은 손익계산서 차변과 재무상태표 대변에 나타나며, 그 금액은 대부분 일치한다.
④ 정산표의 당기순손실은 손익계산서 대변과 재무상태표 차변에 나타나며, 그 금액은 항상 일치한다.

제11장

총계정원장의 마감

11 총계정원장의 마감

총계정원장은 손익계산서계정(수익, 비용)을 먼저 마감하고, 재무상태표계정(자산, 부채, 자본)을 마감한다. 마감 방법에는 영미식결산법과 대륙식결산법이 있는데 수익, 비용의 마감 절차는 같지만, 자산, 부채, 자본 계정에 대한 마감 절차는 서로 다르다. 보통 영미식결산법이 간단하기 때문에 많이 쓰인다.

1 손익계산서계정(수익 · 비용)의 마감

① 집합계정인 손익계정을 설정한다.
② 수익계정을 손익계정 대변에 대체하고 대체분개를 한다.
③ 비용계정을 손익계정 차변에 대체하고 대체분개를 한다.
④ 손익계정을 자본금계정으로 대체하고 대체분개를 한다.

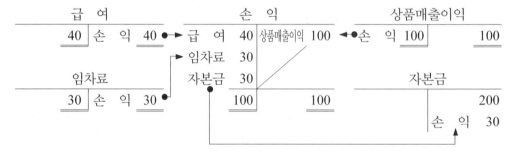

No.	구 분	차변과목	금액	대변과목	금액
(1)	수익계정 대체분개	상품매출이익	100	손 익	100
(2)	비용계정 대체분개	손 익	70	급 여 임차료	40 30
(3)	당기순이익 대체분개	손 익	30	자본금	30

당기순손실 대체분개 : (차) 자본금 ×× (대) 손 익 ××

2 재무상태표계정(자산·부채·자본)의 마감

(1) 영미식 결산법

① **자산계정 마감** : 자산계정은 잔액이 차변에 있으므로 대변에 '차기이월'이라 붉은 글씨로 기입하여 대·차의 금액을 일치시켜 마감한다.

② **부채와 자본계정 마감** : 부채와 자본은 잔액이 대변에 있으므로 차변에 '차기이월'이라 붉은 글씨로 기입하여 대·차 금액을 일치시켜 마감한다. 이러한 절차를 마감기입이라 한다.

③ **개시기입** : 다음 회계연도 첫 날짜로 차기이월을 기입한 반대쪽에 '전기이월'이라 기입하고 이월한 금액을 기입한다. 이것을 개시기입이라 한다.

④ **이월시산표 작성** : 자산·부채·자본에 속하는 각 계정을 마감하고 이월기입의 정확성 여부를 확인하기 위하여 각 계정의 이월액을 모아 대차평균의 원리에 따라 작성한 일람표를 이월시산표라 한다.

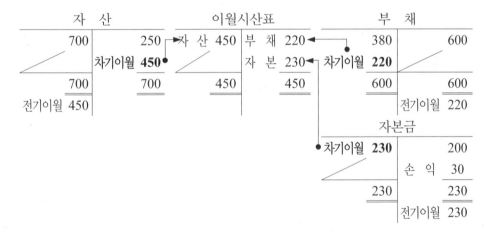

(나) 대륙식 결산법

잔액계정을 설정하여 자산계정의 잔액은 잔액계정 차변에, 부채와 자본계정의 잔액은 잔액계정 대변에 대체시키는 방법으로 원장을 마감한다.

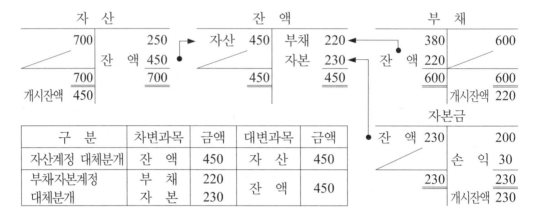

자 산			
700			250
		잔 액	450
700			700
개시잔액 450			

잔 액			
자산	450	부채	220
		자본	230
450		450	

부 채			
380			600
잔 액 220			
600			600
		개시잔액	220

자본금			
잔 액 230			200
		손 익	30
230			230
		개시잔액	230

구 분	차변과목	금액	대변과목	금액
자산계정 대체분개	잔 액	450	자 산	450
부채자본계정 대체분개	부 채	220	잔 액	450
	자 본	230		

멘토 노트

수익·비용 계정은 '손익'으로 마감

손익계정은 '자본금' 계정으로 마감

자산·부채·자본 계정은 '차기이월'(적색)로 마감

01 보라상회의 결산일 현재 수익·비용에 속하는 계정은 다음과 같다. 수익과 비용계정을 마감하고 필요한 대체분개를 하시오.

총 계 정 원 장

상품매출이익	
	70,000

이자수익	
	30,000

급 여	
35,000	

통 신 비	
20,000	

임 차 료	
12,000	

도서인쇄비	
18,000	

손 익	

자 본 금	
	500,000

No.	구 분	차변과목	금액	대변과목	금액
(1)	수익계정 대체분개				
(2)	비용계정 대체분개				
(3)	당기순이익 대체분개				

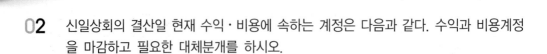

02 신일상회의 결산일 현재 수익·비용에 속하는 계정은 다음과 같다. 수익과 비용계정을 마감하고 필요한 대체분개를 하시오.

총 계 정 원 장

상품매출이익	
	200,000

수수료수익	
	120,000

급 여	
140,000	

복리후생비	
80,000	

광고선전비	
48,000	

기 부 금	
72,000	

손 익	

자 본 금	
	2,000,000

No.	구 분	차변과목	금액	대변과목	금액
(1)	수익계정 대체분개				
(2)	비용계정 대체분개				
(3)	당기순손실 대체분개				

03 쌍용상회의 결산일 현재 수익·비용에 속하는 계정은 다음과 같다. 수익과 비용계정을 마감하고 필요한 대체분개와 손익계산서를 작성하시오.

총 계 정 원 장

상품매출이익		임 대 료	
	160,000		24,000

급　　여		보 험 료	
120,000		20,000	

소모품비		자 본 금	
13,000			300,000

손　　익		손익계산서	

No.	구 분	차변과목	금액	대변과목	금액
(1)	수익계정 대체분개				
(2)	비용계정 대체분개				
(3)	당기순이익 대체분개				

04 다음은 총계정원장의 일부이다. 아래의 자산·부채·자본계정을 영미식 결산법에 의하여 마감하고 이월시산표를 작성하시오.

총 계 정 원 장

현 금	(1)
1,450,000	530,000

외상매출금	(2)
300,000	100,000

상 품	(3)
500,000	250,000

비 품	(4)
200,000	

외상매입금	(5)
350,000	600,000

단기차입금	(6)
	300,000

자 본 금	(7)
	1,000,000
손 익	20,000

이 월 시 산 표

차 변	원면	계정과목	대 변

05 다음은 총계정원장의 일부이다. 아래의 자산·부채·자본계정을 대륙식결산법에 의하여 마감하고 대체분개와 잔액계정을 작성하시오.

총 계 정 원 장

현 금	(1)
398,000	85,000

단기매매증권	(2)
327,000	120,000

상 품	(3)
405,000	240,000

외상매입금	(4)
240,000	375,000

자 본 금	(5)
	450,000
손 익 100,000	

잔 액	(6)

No.	구 분	차변과목	금액	대변과목	금액
(1)	자산계정 대체분개				
(2)	부채자본계정 대체분개				

06 다음 멘토상회의 자료를 지시사항에 따라 작업하고 물음에 답하시오.

(1) 손익계산서계정(수익·비용)을 손익으로 마감하여 손익계정에 대체하고, 대체 분개를 하시오.

(2) 손익계정을 자본금계정으로 마감하여 자본금계정에 대체하고, 대체분개를 하 시오.

(3) 재무상태표계정(자산·부채·자본)을 차기이월로 마감하고, 전기이월로 개시 기입한 후 이월시산표를 작성하시오.

(4) 이월시산표를 기초로 재무상태표를 작성하시오.

(5) 손익계정을 기초로 손익계산서를 작성하시오.

총 계 정 원 장

현 금	(1)
500,000	320,000

외상매출금	(2)
300,000	170,000

건 물	(3)
300,000	

외상매입금	(4)
50,000	150,000

단기차입금	(5)
	50,000

자 본 금	(6)
	450,000

상품매출이익	(7)
	300,000

이자수익	(8)
	50,000

광고선전비	(9)
200,000	

보 험 료	(10)
140,000	

손 익

이월시산표

차변	원면	계정과목	대변

No.	구 분	차변과목	금액	대변과목	금액
(1)	수익계정 대체분개				
(2)	비용계정 대체분개				
(3)	당기순이익 대체분개				

재무상태표

멘토상회   20××년 12월 31일 현재 (단위:원)

자 산	금 액	부채·자본	금 액

손익계산서

멘토상회   20××년 1월 1일부터
20××년 12월 31일까지 (단위:원)

비 용	금 액	수 익	금 액

[물음]

(1) 기초자본금은 얼마인가? ······························· (₩   )

(2) 기말자산총액은 얼마인가? ···························· (₩   )

(3) 기말부채총액은 얼마인가? ···························· (₩   )

(4) 기말자본총액은 얼마인가? ···························· (₩   )

(5) 총수익은 얼마인가? ································· (₩   )

(6) 총비용은 얼마인가? ································· (₩   )

(7) 당기순이익은 얼마인가? ···························· (₩   )

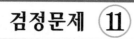

검정문제 ⑪

01 총계정원장 마감시 제일 먼저 마감하는 계정은?

① 자산계정   ② 손익계정

③ 비용계정   ④ 자본계정

02 다음 중 손익계정에 기입될 수 <u>없는</u> 과목은?

① 복리후생비   ② 이자비용

③ 기부금   ④ 현금

03 총계정원장의 마감 방법에는 영미식 결산법과 대륙식 결산법이 있다. 차이점으로 맞는 것은?

① 수익계정의 마감   ② 비용계정의 마감

③ 손익계정의 마감   ④ 자산·부채·자본계정의 마감

04 총계정원장 마감 순서를 영미식 결산법으로 옳게 나열한 것은?

㉠ 이월시산표 작성	㉡ 수익·비용계정의 마감
㉢ 손익계정의 마감	㉣ 자산부채·자본계정의 마감
㉤ 재무상태표와 손익계산서 작성	

① ㉠ → ㉡ → ㉢ → ㉣ → ㉤   ② ㉤ → ㉣ → ㉢ → ㉡ → ㉠

③ ㉡ → ㉢ → ㉣ → ㉠ → ㉤   ④ ㉣ → ㉡ → ㉢ → ㉠ → ㉤

05 다음 (　　) 안에 기입될 알맞은 용어는?

광고선전비

23,000	(　　　)	23,000

① 손익   ② 차기이월

③ 잔액   ④ 전기이월

제12장

장부와 재무제표

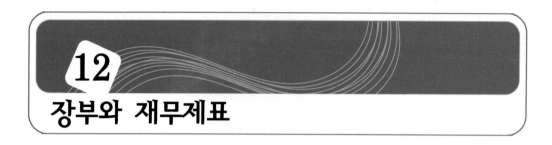

12 장부와 재무제표

1 장부의 뜻

장부란 기업의 경영활동에서 발생하는 각종 거래를 기록·계산·정리하기 위한 지면을 말하며, 기업의 재무상태와 경영성과를 파악하는 자료이자, 영업활동의 증빙자료 역할도 하게 된다.

2 장부의 종류

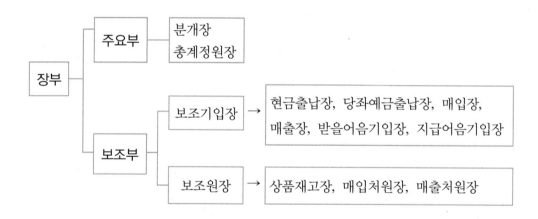

(1) 주요부

기업의 경영활동에서 일어나는 경제적 사건을 빠짐없이 모두 기록하는 장부로 분개장과 총계정원장이 있다.

① **분개장** : 거래가 발생하면 거래 내용을 분석하여 거래발생 순서대로 기입하는 장부이다. 이는 거래의 내용을 총계정원장의 각 계정계좌에 전기하기 위한 준비 또는 매개 역할을 하며, 분개장의 형식에는 병립식과 분할식이 있다.

② **총계정원장** : 계정과목별로 계정을 설정하여 거래를 분개장으로부터 계정별로

정리하는 장부를 총계정원장 또는 원장이라 하며, 양식으로는 표준식과 잔액식이 있다.

(2) 보조부

주요부의 기록만으로는 정확한 거래 사실을 알기 어려우므로 주요부의 특정 계정과목에 대한 거래 내용을 상세히 기록하여 주요부의 부족을 보충하는 장부로서 보조기입장과 보조원장이 있다.

① **보조기입장** : 분개장에 대한 보조역할을 하는 장부로서 현금출납장, 당좌예금출납장, 매입장, 매출장, 받을어음기입장, 지급어음기입장 등이 있다.

② **보조원장** : 총계정원장에 대한 보조역할을 하는 장부로서 상품재고장, 매입처원장, 매출처원장이 있다.

3 장부조직과 거래의 기장 순서

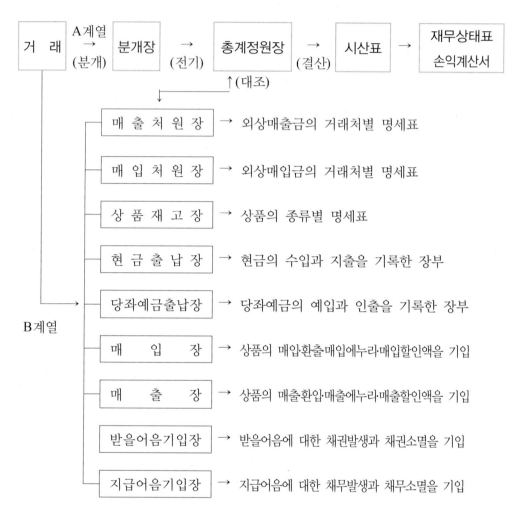

- A계열은 주요부 (분개장, 총계정원장), B계열은 보조부

4 수기식 장부기장 방법

(1) 장부의 괘선(罫線)

장부에서 세로 선은 금액란의 좌우 측에 붉은색 복선으로 긋는다. 나머지는 단선이어도 된다. 가로 선의 항목을 기입하는 상부 선은 붉은색 복선, 하부 선은 붉은색 단선, 보통 칸은 청색을 사용한다. 이밖에 장부를 마감할 때에도 붉은색 가로 선을, 합계 선은 단선으로, 마감 선은 복선으로 하고, 공란에는 사선을 긋는다.

(2) 문자와 숫자

문자는 칸의 아랫줄에 붙여 칸의 2/3 정도의 크기로 쓴다. 숫자는 칸의 1/2 정도의 크기로 15° 정도 기울여 쓰고, 수량이나 숫자는 세 자리마다 (,)을 찍는다.

(3) 오기 수정

문자를 잘못 기입하였을 때에는 틀린 문자만 고쳐 쓰고, 숫자는 한 자만 틀려도 전부를 고쳐 쓴다. 수정할 때는 정정 부분에 붉은색으로 두 선을 긋고, 정정인을 찍은 후, 그 위쪽에 올바른 문자나 숫자를 기입한다.

구 분	수 정 전	수 정 후	비 고
문자정정의 예	외 상 매 출 금	입 외 상 매 출 금	부분정정 가능
숫자정정의 예	₩26,000	₩62,000 ~~₩26,000~~	부분정정 불가능

5 재무제표

재무제표는 일정시점에서 기업의 경제적 자원 및 그 자원에 대한 청구권의 변동내용에 관한 정보와 일정기간 동안의 경영성과에 관한 정보를 기업 외부의 이해관계자들에게 정기적으로 전달하는 역할을 한다. 기업회계기준서(제21호)에서 재무제표에는 재무상태표, 손익계산서, 현금흐름표, 자본변동표와 주석을 포함하는 것으로 규정하고 있다.

기본문제 ⑫

01 다음 (   ) 안에 알맞은 용어를 기입하세요.

(1) 장부는 (   )와 (   )로 분류한다.

(2) 주요부에는 (   )과 (   )이 있고, 보조부에는 (   )과
(   )이 있다.

(3) 보조원장에는 (   ), (   ), (   )이 있고,
보조기입장에는 현금출납장, (   ), 매입장, (   ),
받을어음기입장, (   ) 등이 있다.

02 다음 종국상점의 20××년 12월 31일 총계정원장 잔액을 보고 재무상태표와 손익계
산서를 작성하시오.

```
┌─ [ 총계정원장 잔액 ] ─────────────────────────────
│
│  현      금   120,000    단기대여금    20,000    외상매출금   100,000
│  상      품   140,000    비      품   160,000    단기차입금   180,000
│  외 상 매 입 금   100,000    미 지 급 금    40,000    자   본   금   160,000
│  상품매출이익   120,000    임  대  료    20,000    급      여    32,000
│  세 금 과 공 과    20,000    보  험  료    16,000    이 자 비 용    12,000
│
└──────────────────────────────────────────────
```

재무상태표		**손익계산서**	

종국상점 20××년 12월 31일 현재 (단위:원)				종국상점 20××년 1월 1일부터 20××년 12월 31일까지 (단위:원)			
자 산	금 액	부채·자본	금 액	비 용	금 액	수 익	금 액

03 다음 민주상점의 20××년 12월 31일 현재의 손익계정과 이월시산표에 의해 손익계산서와 재무상태표를 작성하시오.

손 익

급 여	1,000,000	상품매출이익	2,250,000
보 험 료	280,000	수수료수익	270,000
통 신 비	480,000		
수도광열비	240,000		
복리후생비	320,000		
자 본 금	200,000		
	2,520,000		2,520,000

손익계산서

민주상점 20××년 1월 1일부터 / 20××년 12월 31일까지 (단위:원)

비 용	금 액	수 익	금 액

이월시산표

현 금	1,280,000	외상매입금	1,068,000
보 통 예 금	1,080,000	지 급 어 음	1,420,000
외상매출금	1,600,000	미 지 급 금	912,000
단기매매증권	660,000	자 본 금	2,780,000
상 품	840,000		
건 물	720,000		
	6,180,000		6,180,000

재무상태표

민주상점 20××년 12월 31일 현재 (단위:원)

자 산	금 액	부채·자본	금 액

검정문제 ⑫

01 다음에서 설명하는 장부로 올바른 것은?

> •주요부이다.
> •계정들이 모여 있는 장부이다.
> •각 계정과목별로 기록된다.

① 총계정원장   ② 현금출납장
③ 잔액시산표   ④ 정산표

02 다음의 장부 중 주요부에 속하는 것은?
① 분개장   ② 매입장
③ 현금출납장   ④ 상품재고장

03 다음의 장부 중 보조원장에 속하지 않는 것은?
① 매출처원장   ② 매입처원장
③ 상품재고장   ④ 현금출납장

04 다음 중 기업회계기준에서 규정한 재무제표에 속하지 않는 것은?
① 손익계산서   ② 재무상태표
③ 시산표   ④ 현금흐름표

05 다음 장부 중 기본요소가 자산·부채·자본으로 구성되는 장부가 아닌 것은?
① 손익계산서   ② 이월시산표
③ 잔액계정   ④ 재무상태표

정답 및 해설

01 회계의 개념

기본문제 01

1 (1) 이해관계자, 회계정보
(2) 재무회계, 관리회계
(3) 단식부기, 복식부기
(4) 영리부기, 비영리부기
(5) 회계단위 (또는 회계범위)
(6) 회계연도 (또는 회계기간)
(7) 기초, 기말
(8) 전기, 당기, 차기

2 (1) 영 (2) 비 (3) 비 (4) 영 (5) 영 (6) 비
(7) 비 (8) 영 (9) 비

검정문제 01

1 ③ 2 ④ 3 ② 4 ① 5 ③

[보충설명]

1 회계의 목적은 모든 이해관계자에게 유용한 회계정보를
제공하는 데 있다.

2 정부, 채권자, 거래처는 외부정보이용자이고, 경영자는
내부정보이용자이다.

3 가계부기, 학교부기, 관청부기는 비영리부기이고, 상업부
기는 영리부기이다.

4 회계의 장소적 범위를 회계단위라 하고, 기간적 범위를
회계연도(회계기간)라 한다.

5 재무회계는 외부보고용으로 과거 지향적이고, 관리회계
는 내부보고용으로 미래 지향적이다.

02 기업의 재무상태와 재무상태표

기본문제 01

1 (1) 자산　　　　(2) 부채
(3) 자본　　　　(4) 차, 대
(5) 재무상태표　(6) 자산, 부채, 자본
(7) 자산, 부채, 자본
(8) 기말자본, 기초자본, 기초자본, 기말자본

2 (1) 자산 (2) 자산 (3) 자산 (4) 부채
(5) 자산 (6) 부채 (7) 자산 (8) 자산
(9) 부채 (10) 자산 (11) 자산 (12) 부채
(13) 자산 (14) 자산 (15) 부채 (16) 자산
(17) 자본 (18) 부채 (19) 자산 (20) 자산

3 (1) 외상매입금　(2) 받을어음
(3) 매입채무　　(4) 단기차입금
(5) 선급금　　　(6) 미지급금
(7) 장기대여금

4

상 점	자 산	부 채	자 본
남해상점	₩5,000,000	₩3,000,000	(₩2,000,000)
동해상점	₩250,000	(₩100,000)	₩150,000
서해상점	(₩700,000)	₩430,000	₩270,000

5 (1) 500,000　(2) 300,000　(3) 200,000

6

재 무 상 태 표

대명상점　20××년 1월 1일 현재　(단위 : 원)

자 산	금 액	부채·자본	금 액
현금및현금성자산	5,000	매 입 채 무	12,000
단 기 투 자 자 산	6,000	단 기 차 입 금	4,000
매 출 채 권	11,500	예 수 금	1,000
상 품	4,000	자 본 금	12,000
건 물	2,500		
	29,000		29,000

7

재 무 상 태 표

호서상점　20××년 1월 1일 현재　(단위 : 원)

자 산	금 액	부채·자본	금 액
현금및현금성자산	45,000	단 기 차 입 금	12,000
매 출 채 권	13,000	매 입 채 무	20,000
단 기 투 자 자 산	12,000	미 지 급 금	8,000
상 품	10,000	자 본 금	70,000
기 계 장 치	30,000		
	110,000		110,000

8

재 무 상 태 표

대진상점　20××년 1월 1일 현재　(단위 : 원)

자 산	금 액	부채·자본	금 액
현금및현금성자산	850,000	단 기 차 입 금	420,000
단 기 투 자 자 산	300,000	매 입 채 무	(500,000)
매 출 채 권	500,000	미 지 급 금	400,000
미 수 금	600,000	예 수 금	380,000
상 품	250,000	자 본 금	1,200,000
건 물	400,000		
	2,900,000		2,900,000

정답 및 해설

9

재 무 상 태 표

조선상회	20××년 1월 1일 현재		(단위 : 원)
자 산	금 액	부채·자본	금 액
현금및현금성자산	900,000	단 기 차 입 금	240,000
단 기 투 자 자 산	240,000	매 입 채 무	100,000
매 출 채 권	260,000	선 수 금	300,000
미 수 금	600,000	미 지 급 금	160,000
상 품	(200,000)	자 본 금	1,400,000
	2,200,000		2,200,000

10

재 무 상 태 표

백제상점	20××년 1월 1일 현재		(단위 : 원)
자 산 (3,000,000)		부 채	1,400,000
		자 본 금	(1,600,000)
3,000,000			(3,000,000)

재 무 상 태 표

백제상점	20××년 12월 31일 현재		(단위 : 원)
자 산 5,000,000		부 채	2,500,000
		자 본 금	(1,600,000)
		(당기순이익)	(900,000)
(5,000,000)			(5,000,000)

11 (1) 기초자산 - (기초부채) = (기초자본)

(2) (기말자산) - 기말부채 = (기말자본)

(3) (기말자본) - (기초자본) = 순이익 (△순손실)

(4) 기말자산=(기말부채)+기초자본+(당기순이익)

12

No	기 초			기 말			순손익
	자산	부채	자본	자산	부채	자본	
(1)	90,000	60,000	(30,000)	162,000	120,000	(42,000)	(12,000)
(2)	24,000	(20,000)	4,000	(36,000)	24,000	(12,000)	8,000
(3)	(39,000)	17,600	21,400	68,000	28,000	(40,000)	(18,600)
(4)	230,000	(130,400)	(99,600)	(109,200)	33,600	75,600	△24,000

검정문제 02

1 ③	2 ③	3 ①	4 ④	5 ①
6 ④	7 ①	8 ①		

[보충설명]

1 자산에서 부채를 차감한 잔액을 자본이라 한다.

2 지급어음은 부채이다.

3 미수금은 자산이다.

4 외상매입금은 자산이 아니고 부채이다.

5 재무상태란 자산, 부채, 자본을 말한다.

6 선급금과 미수금은 자산이다.

7 자산 - 부채 = 자본

(현금 40,000 + 외상매출금 30,000 + 건물35,000 + 미수금 8,000) - (단기차입금 20,000 + 지급어음 16,000) = (자본금 77,000)

8 기초자산 = 기초부채 + (기초자본)

기말자산 = 기말부채 + 기초자본 + (당기순이익)

03 기업의 경영성과와 손익계산서

기본문제 03

1 (1) 비용　　　　　　(2) 수익

(3) 총비용, 총수익　　(4) 손익계산서

(5) 증가, 감소　　　　(6) 일정기간, 경영성과

(7) 비용, 수익, 당기순이익, 당기순손실

2 (1) 비용　(2) 비용　(3) 수익　(4) 수익

(5) 비용　(6) 비용　(7) 수익　(8) 비용

(9) 비용　(10) 비용　(11) 비용　(12) 비용

(13) 비용　(14) 수익　(15) 비용　(16) 비용

(17) 비용　(18) 비용　(19) 비용　(20) 수익

(21) 비용　(22) 비용

3 (1) 임차료　　　　(2) 상품매출손실

(3) 이자수익　　　(4) 단기매매증권처분이익

(5) 유형자산처분손실　(6) 잡손실

(7) 수수료수익

4

구분	총 수 익	총 비 용	당기순손익
(1)	80,000,000	65,000,000	(15,000,000)
(2)	250,000,000	(265,000,000)	△15,000,000
(3)	(2,867,000,000)	2,800,000,000	67,000,000

5

손 익 계 산 서

부여상회	20××년 1월 1일부터 20××년 12월 31일까지			(단위: 원)
비 용	금 액	수 익	금 액	
급 여	50,000	상품매출이익	150,000	
통 신 비	40,000	수 수 료 수 익	70,000	
여비교통비	17,000	잡 이 익	30,000	
임 차 료	19,000			
도서인쇄비	70,000			
당 기 순 이 익	**54,000**			
	250,000		250,000	

부록 정답 및 해설 ┃ 141

6

손 익 계 산 서

송미상점   20××년 1월 1일부터   (단위: 원)
20××년 12월 31일까지

비 용	금 액	수 익	금 액
통 신 비	140,000	상 품 매 출 이 익	1,000,000
급 여	870,000	수 수 료 수 익	260,000
수 도 광 열 비	240,000	잡 이 익	80,000
이 자 비 용	60,000	로 열 티 수 익	160,000
잡 손 실	60,000		
당 기 순 이 익	**130,000**		
	1,500,000		1,500,000

7

손 익 계 산 서

미래상점   20××년 1월 1일부터   (단위: 원)
20××년 12월 31일까지

비 용	금 액	수 익	금 액
급 여	250,000	상 품 매 출 이 익	320,000
여 비 교 통 비	80,000	임 대 료	60,000
세 금 과 공 과	20,000	**당 기 순 손 실**	**30,000**
수 도 광 열 비	60,000		
	410,000		410,000

검정문제 03

1 ④	2 ②	3 ③	4 ②	5 ①
6 ②	7 ①			

[보충설명]

1 광고선전비는 비용계정이다.

2 임대료는 수익계정이다.

3 재무상태표는 일정시점 재무상태를, 손익계산서는 일정
기간 경영성과를 나타낸다.

4 총수익 − 총비용 = 당기순이익

(이자수익 10,000 + 임대료 5,000 + 수수료수익 2,000)
− (급여 6,000 + 수수료비용 4,000 + 여비교통비
1,000) = (당기순이익 6,000)

5 ①은 '총수익 = 총비용 + 당기순이익'으로 되어야 맞는
공식이다.

6 임대료는 수익계정이고, 임차료는 비용계정이다.

7 손익계산서 항목은 수이이나 비용이어야 하나 미수수익
은 자산계정이다.

04 기업의 순손익 계산

기본문제 04

1 (1) 기초자본   (2) 기말부채

(3) ① 총비용   ② 순손실

(4) ① 기초자본   ② 순손실

2 (1) 200,000   (2) 50,000

(3) 230,000   (4) 120,000

3 (1) 65,000

     ① 총수익(75,000) − 총비용(65,000)
        = 순손익(10,000)

     ② 기말자본(60,000) − 기초자본(50,000)
        = 순손익(10,000)

(2) 260,000

     ① 기초자산(600,000) − 기초부채(260,000)
        = 기초자본(340,000)

     ② 기말자산(700,000) − 기말부채(300,000)
        = 기말자본(400,000)

     ③ 총수익(250,000) − 총비용(190,000)
        = 순손익(60,000)

     ④ 기말자본(400,000) − 기초자본(340,000)
        = 순손익(60,000)

4 (1) 자산   (2) 비용   (3) 비용

(4) 수익   (5) 수익   (6) 부채

(7) 자산   (8) 비용   (9) 자산

(10) 수익   (11) 자산   (12) 비용

(13) 수익   (14) 비용   (15) 자산

(16) 부채   (17) 자산   (18) 비용

(19) 비용   (20) 수익   (21) 자산

(22) 자본   (23) 비용   (24) 비용

(25) 비용   (26) 비용   (27) 부채

(28) 비용   (29) 수익   (30) 자산

(31) 비용   (32) 자산   (33) 비용

5

구분	기말자산	기말부채	자본 기초	자본 기말	총수익	총비용	순손익
(1)	180,000	(80,000)	90,000	100,000	50,000	(40,000)	(10,000)
(2)	(60,000)	20,000	37,000	40,000	(19,000)	16,000	(3,000)
(3)	130,000	(60,000)	60,000	(70,000)	80,000	70,000	(10,000)
(4)	(140,000)	20,000	(104,000)	120,000	(46,000)	30,000	16,000
(5)	14,000	(5,000)	10,000	(9,000)	(12,000)	13,000	△1,000

6

재 무 상 태 표

서울상회	20××년 12월 31일 현재		(단위 : 원)
자 산	금 액	부채·자본	금 액
현금및현금성자산	635,000	단 기 차 입 금	125,000
단 기 대 여 금	140,000	매 입 채 무	250,000
매 출 채 권	150,000	미 지 급 금	300,000
상 품	300,000	자 본 금	750,000
건 물	250,000	당 기 순 이 익	50,000
	1,475,000		1,475,000

[보충설명]

현금 ₩750,000을 출자하여 영업을 시작하였으므로 기초자본금은 ₩750,000이다.

손 익 계 산 서

서울상회	20××년 1월 1일부터 20××년 12월 31일까지		(단위: 원)
비 용	금 액	수 익	금 액
보 험 료	100,000	상 품 매 출 이 익	630,000
급 여	365,000	임 대 료	65,000
여 비 교 통 비	120,000	이 자 수 익	50,000
세 금 과 공 과	40,000		
기 부 금	70,000		
당 기 순 이 익	**50,000**		
	745,000		745,000

7

재 무 상 태 표

용채상회	20××년 12월 31일 현재		(단위 : 원)
자 산	금 액	부채·자본	금 액
현금및현금성자산	1,300,000	단 기 차 입 금	500,000
매 출 채 권	400,000	매 입 채 무	1,000,000
상 품	500,000	선 수 금	200,000
비 품	300,000	자 본 금	1,000,000
		당 기 순 손 실	△200,000
	2,500,000		2,500,000

[보충설명]

20××년 1월 1일에 현금 ₩1,000,000을 출자하여 영업을 시작하였으므로 기초자본금은 ₩1,000,000이다.

손 익 계 산 서

용채상회	20××년 1월 1일부터 20××년 12월 31일까지		(단위: 원)
비 용	금 액	수 익	금 액
급 여	610,000	상 품 매 출 이 익	500,000
보 험 료	100,000	이 자 수 익	400,000
수 도 광 열 비	140,000	**당 기 순 손 실**	**200,000**
세 금 과 공 과	200,000		
운 반 비	50,000		
	1,100,000		1,100,000

8

재 무 상 태 표

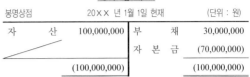

봉명상점	20××년 1월 1일 현재		(단위 : 원)
자 산	100,000,000	부 채	30,000,000
		자 본 금	(70,000,000)
	(100,000,000)		(100,000,000)

재 무 상 태 표

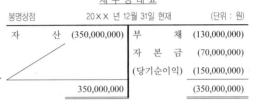

봉명상점	20××년 12월 31일 현재		(단위 : 원)
자 산	(350,000,000)	부 채	(130,000,000)
		자 본 금	(70,000,000)
		(당기순이익)	(150,000,000)
	350,000,000		(350,000,000)

기초자본금(70,000,000) + 당기순이익 (150,000,000)
= 기말자본금(220,000,000)

손 익 계 산 서

봉명상점	20××년 1월 1일부터 20××년 12월 31일까지		(단위 : 원)
총 비 용	650,000,000	총 수 익	800,000,000
(당기순이익)	**(150,000,000)**		
	(800,000,000)		(800,000,000)

검정문제 04

1 ③	2 ③	3 ②	4 ④

[보충설명]

1 임대료는 수익계정이다.

2 ㉠ 총수익 3,000,000 − 총비용 2,500,000
= 순손익(500,000)

㉡ 기말자본 (1,500,000) − 기초자본 1,000,000
= 순손익 500,000

3 ㉠ 총수익 100,000 − 총비용 80,000 = 순손익(20,000)

㉡ 기말자본 200,000 − 기초자본 (180,000)
= 순손익 20,000

4 ㉠ 기말자산(300,000+200,000+150,000) − 기말부채
(100,000) = 기말자본 (550,000)

㉡ 기말자본 550,000 − 기초자본 250,000 = 순손익
(300,000)

현금 ₩250,000을 출자한 것이 기초자본이다.

회계원리

05 계정

기본문제 05

1

당좌예금	
(증가)	(감소)

단기차입금	
(감소)	(증가)

자 본 금	
(감소)	(증가)

이자수익	
(소멸)	(발생)

임 차 료	
(발생)	(소멸)

건 물	
(증가)	(감소)

2 (1) 부채, 대   (2) 비용, 차
   (3) 수익, 대   (4) 자산, 차
   (5) 부채, 대   (6) 비용, 차
   (7) 수익, 대   (8) 부채, 대
   (9) 수익, 대   (10) 부채, 대
   (11) 비용, 차   (12) 비용, 차
   (13) 부채, 대   (14) 수익, 대
   (15) 자산, 차   (16) 비용, 차
   (17) 자본, 대   (18) 비용, 차
   (19) 비용, 차   (20) 자산, 차

3 (1) 현금   (2) 당좌예금   (3) 보통예금
   (4) 단기금융상품 (5) 단기매매증권 (6) 단기대여금
   (7) 외상매출금 (8) 받을어음   (9) 선급금
   (10) 미수금   (11) 상품   (12) 소모품
   (13) 건물   (14) 비품   (15) 차량운반구
   (16) 기계장치   (17) 토지

4 (1) 단기차입금 (2) 외상매입금 (3) 지급어음
   (4) 선수금   (5) 미지급금   (6) 예수금
   (7) 자본금

5 (1) 상품매출손실   (2) 급여
   (3) 통신비   (4) 접대비
   (5) 운반비   (6) 수선비
   (7) 소모품비   (8) 복리후생비
   (9) 수도광열비   (10) 차량유지비
   (11) 광고선전비   (12) 여비교통비
   (13) 도서인쇄비   (14) 세금과공과
   (15) 임차료   (16) 기부금
   (17) 단기매매증권처분손실 (18) 유형자산처분손실

6 (1) 상품매출이익   (2) 단기매매증권처분이익
   (3) 유형자산처분이익 (4) 이자수익
   (5) 수수료수익   (6) 임대료
   (7) 잡이익

7 (1) 자산, 부채, 자본
   (2) 수익, 비용
   (3) 차변, 대변
   (4) 차
   (5) 부채, 자본, 수익, 대
   (6) 거래의 이중성, 대차평균의 원리

검정문제 05

1 ①	2 ②	3 ④	4 ④	5 ④
6 ③				

[보충설명]

1 수도·전기·가스요금은 수도광열비이다.

2 미수금은 자산으로 재무상태표 계정이다.

3 거래처 선물비 지급은 접대비 계정이다.

4 임대료는 수익으로 대변에 잔액이 나타난다.

5 자본금은 자본으로 차변(왼쪽)이 감소이고, 대변(오른쪽)이 증가이다.

6 임차료는 비용으로 잔액이 차변잔액이어야 한다.

06 거래

기본문제 06

1 (1) ○ (2) ○ (3) × (4) ○ (5) ○
   (6) × (7) ○ (8) ○ (9) × (10) ○
   (11) ○ (12) ○ (13) × (14) ○ (15) ×
   (16) ×

2 (1) 자산의 증가, 자산의 감소
   (2) 부채의 감소, 부채의 증가
   (3) 자본의 감소, 자본의 증가
   (4) 비용의 발생, 수익의 발생

3

NO	차변요소	대변요소	거래의 종류
(1)	자산의 증가	자산의 감소	교환거래
(2)	자산의 증가	부채의 증가	교환거래
(3)	자산의 증가	자본의 증가	교환거래
(4)	부채의 감소	자산의 감소	교환거래
(5)	부채의 감소	부채의 증가	교환거래

4

NO	차변요소	대변요소	거래의 종류
(1)	비용의 발생	자산의 감소	손익거래
(2)	비용의 발생	자산의 감소	손익거래
(3)	비용의 발생	자산의 감소	손익거래
(4)	자산의 증가	수익의 발생	손익거래
(5)	자산의 증가	수익의 발생	손익거래

5

NO	차변요소	대변요소	거래의 종류
(1)	자산의 증가	자산의 감소 수익의 발생	혼합거래
(2)	자산의 증가 비용의 발생	자산의 감소	혼합거래
(3)	자산의 증가	자산의 감소 수익의 발생	혼합거래
(4)	부채의 감소 비용의 발생	자산의 감소	혼합거래

6

NO	차변요소	대변요소	거래의 종류
(1)	자산의 증가	자산의 감소 부채의 증가	교환거래
(2)	비용의 발생	자산의 감소	손익거래
(3)	비용의 발생	자산의 감소	손익거래
(4)	자산의 증가	자산의 감소 수익의 발생	혼합거래

검정문제 06

1 ③	2 ③	3 ②	4 ①	5 ②
6 ②	7 ④	8 ②		

[보충설명]

1 상품구입계약은 자산, 부채, 자본에 증감변화가 없으므로 회계상 거래가 아니다.

2 도난, 감가, 화재, 대손 등은 일반적인 거래는 아니지만 자산이 감소하여 회계상 거래에 해당한다.

3 자산, 부채, 자본의 증감변화를 가져오면 거래이다.

4 자산의 감소는 대변요소이다.

5 부채의 감소는 차변요소이다.

6 부채의 증가와 자본의 증가 모두 대변요소이므로 결합될 수 없다. 즉, 차변요소와 대변요소가 결합되는 것이다.

7 ① (차) 보통예금(자산의 증가) (대) 현금(자산의 감소)
② (차) 외상매출금(자산의 증가) (대) 상품(자산의 감소)
③ (차) 비품(자산의 증가) (대) 미지급금(부채의 증가)
④ (차) 세금과공과(비용의 발생) (대) 현금(자산의 감소)

8 ② (차) 비용의 발생(수도광열비 30,000, 통신비 26,000)
(대) 자산의 감소(현금 56,000)이므로 손익거래이다.

07 분개와 분개장

기본문제 07

1

No	차변과목	금 액	대변과목	금 액
(1)	현 금	50,000	상 품	50,000
(2)	현 금	100,000	단 기 차 입 금	100,000
(3)	현 금	10,000	임 대 료	10,000
(4)	현 금	102,000	단 기 대 여 금	100,000
			이 자 수 익	2,000
(5)	현 금	60,000	상 품	50,000
			상품매출이익	10,000

2

No	차변과목	금 액	대변과목	금 액
(1)	상 품	200,000	현 금	200,000
(2)	비 품	40,000	현 금	40,000
(3)	외 상 매 입 금	60,000	현 금	60,000
(4)	단 기 차 입 금	100,000	현 금	120,000
	이 자 비 용	20,000		
(5)	당 좌 예 금	1,000,000	현 금	1,000,000

3

No	차변과목	금 액	대변과목	금 액
(1)	상 품	50,000	현 금	50,000
(2)	상 품	30,000	외 상 매 입 금	30,000
(3)	상 품	20,000	당 좌 예 금	20,000
(4)	상 품	60,000	지 급 어 음	60,000
(5)	상 품	150,000	당 좌 예 금	100,000
			외 상 매 입 금	50,000

4

No	차변과목	금 액	대변과목	금 액
(1)	현 금	50,000	상 품	50,000
(2)	외 상 매 출 금	30,000	상 품	30,000
(3)	현 금	20,000	상 품	20,000
(4)	받 을 어 음	60,000	상 품	60,000
(5)	현 금	100,000	상 품	150,000
	외 상 매 출 금	50,000		

5

No	차변과목	금 액	대변과목	금 액
(1)	상 품	28,000	현 금	20,000
			외 상 매 입 금	8,000
(2)	건 물	5,000,000	당 좌 예 금	3,000,000
			미 지 급 금	2,000,000
(3)	차 량 운 반 구	1,500,000	현 금	1,500,000
(4)	외 상 매 출 금	80,000	상 품	80,000
(5)	현 금	50,000	외 상 매 출 금	50,000

6

No	차변과목	금 액	대변과목	금 액
(1)	받 을 어 음	30,000	상 품	30,000
(2)	현 금	30,000	받 을 어 음	30,000
(3)	현 금 미 수 금	5,000,000 2,000,000	건 물	7,000,000
(4)	단 기 대 여 금	100,000	현 금	100,000
(5)	현 금	50,000	단 기 대 여 금	50,000

7

No	차변과목	금 액	대변과목	금 액
(1)	상 품	300,000	당 좌 예 금 외 상 매 입 금	250,000 50,000
(2)	외 상 매 입 금	50,000	지 급 어 음	50,000
(3)	현 금	500,000	단 기 차 입 금	500,000
(4)	단 기 차 입 금	500,000	보 통 예 금	500,000
(5)	비 품	850,000	미 지 급 금	850,000

8

No	차변과목	금 액	대변과목	금 액
(1)	상 품	200,000	지 급 어 음	200,000
(2)	지 급 어 음	200,000	당 좌 예 금	200,000
(3)	단 기 대 여 금	200,000	현 금	200,000
(4)	보 통 예 금	215,000	단 기 대 여 금 이 자 수 익	200,000 15,000
(5)	미 수 금	850,000	토 지	850,000

9

No	차변과목	금 액	대변과목	금 액
(1)	현 금	1,000,000	자 본 금	1,000,000
(2)	상 품	600,000	자 본 금	600,000
(3)	현 금 건 물	1,000,000 8,000,000	자 본 금	9,000,000
(4)	현 금	3,000,000	단 기 차 입 금 자 본 금	1,000,000 2,000,000

10

No	차변과목	금 액	대변과목	금 액
(1)	현 금	80,000	이 자 수 익	80,000
(2)	현 금	45,000	수 수 료 수 익	45,000
(3)	보 통 예 금	30,000	임 대 료	30,000
(4)	외 상 매 출 금	130,000	상 품 상품매출이익	100,000 30,000
(5)	현 금	53,000	단 기 대 여 금 이 자 수 익	50,000 3,000
(6)	현 금	50,000	임 대 료	50,000

11

No	차변과목	금 액	대변과목	금 액
(1)	단 기 차 입 금	50,000	현 금	50,000
(2)	외 상 매 입 금	100,000	현 금	100,000
(3)	지 급 어 음	800,000	당 좌 예 금	800,000
(4)	미 지 급 금	30,000	당 좌 예 금	30,000

12

No	차변과목	금 액	대변과목	금 액
(1)	급 여	200,000	현 금	200,000
(2)	소 모 품 비	20,000	현 금	20,000
(3)	통 신 비	162,500	현 금	162,500
(4)	광 고 선 전 비	300,000	미 지 급 금	300,000
(5)	도 서 인 쇄 비	14,000	현 금	14,000
(6)	세 금 과 공 과	480,000	현 금	480,000
(7)	차 량 유 지 비	70,000	미 지 급 금	70,000

13

No	차변과목	금 액	대변과목	금 액
(1)	현 금	20,000	상 품 상품매출이익	15,000 5,000
(2)	현 금 상품매출손실	30,000 15,000	상 품	45,000
(3)	현 금	32,000	단 기 대 여 금 이 자 수 익	30,000 2,000
(4)	단 기 차 입 금 이 자 비 용	50,000 2,000	현 금	52,000

14

No	차변과목	금 액	대변과목	금 액
(1)	현 금 건 물	1,000,000 3,000,000	자 본 금	4,000,000
(2)	광 고 선 전 비	60,000	현 금	60,000
(3)	임 차 료 수 수 료 비 용	40,000 800	현 금	40,800
(4)	기 부 금	200,000	현 금	200,000

15

No	차변과목	금 액	대변과목	금 액
(1)	보 통 예 금 (자산의 증가)	30,000	이 자 수 익 (수익의 발생)	30,000
(2)	통 신 비 (비용의 발생)	60,000	현 금 (자산의 감소)	60,000
(3)	현 금 (자산의 증가)	4,500,000	단 기 차 입 금 (부채의 증가)	4,500,000
(4)	비 품 (자산의 증가)	600,000	보 통 예 금 (자산의 감소) 미 지 급 금 (부채의 증가)	200,000 400,000
(5)	외 상 매 입 금 (부채의 감소)	280,000	지 급 어 음 (부채의 증가)	280,000
(6)	복 리 후 생 비 (비용의 발생)	630,000	미 지 급 금 (부채의 증가)	630,000
(7)	접 대 비 (비용의 발행)	100,000	현 금 (자산의 감소)	100,000

16

No	차변과목	금 액	대변과목	금 액	거래종류
(1)	차 량 운 반 구 (자산의 증가)	30,000,000	당 좌 예 금 (자산의 감소)	10,000,000	교환거래
			미 지 급 금 (부채의 증가)	20,000,000	
(2)	차 량 유 지 비 (비용의 발생)	50,000	현 금 (자산의 감소)	50,000	손익거래
(3)	급 여 (비용의 발생)	2,000,000	소득세예수금 (부채의 증가)	82,000	손익거래
			보 통 예 금 (자산의 감소)	1,918,000	
(4)	현 금 (자산의 증가)	2,000,000	상 품 (자산의 감소)	1,800,000	혼합거래
			상품매출이익 (수익의 발생)	200,000	
(5)	통 신 비 (비용의 발생)	34,000	현 금 (자산의 감소)	84,000	손익거래
	여 비 교 통 비 (비용의 발생)	50,000			
(6)	단 기 차 입 금 (부채의 감소)	500,000	현 금 (자산의 감소)	520,000	혼합거래
	이 자 비 용 (비용의 발생)	20,000			

17

분 개 장 (1)

날짜		적 요	원면	차 변	대 변
3	1	(현 금)		3,000,000	
		(자 본 금)			3,000,000
		영업개시			
	5	(상 품)		130,000	
		(외상매입금)			130,000
		오성상점에서 상품외상매입			
	16	(외상매출금) 제좌		120,000	
		(상 품)			100,000
		(상품매출이익)			20,000
		봉서상점에 상품외상매출			
	22	(차량유지비)		50,000	
		(현 금)			50,000
		영업용승용차 엔진오일교환			
	31	제좌 (보통예금)			173,000
		(통 신 비)		43,000	
		(수도광열비)		130,000	
		전화요금과 전기요금 납부			
				3,473,000	3,473,000

1 ③ 2 ② 3 ③ 4 ① 5 ④
6 ③

[보충설명]

1 판매용 컴퓨터는 상품이고, 업무용 컴퓨터는 비품으로 한다.

(차) 상 품 ××× (대) 외상매입금 ××× 이다.

2 인터넷요금은 통신비이다.

3 단기대여금의 이자를 받으면 이자수익이고, 토지를 임대하고 받은 월세는 임대료이다.

4 현금을 빌려주면 단기대여금이고, 현금을 빌려오면 단기차입금으로 한다.

5 ① (차) 상 품 50,000 (대) 외상매입금 50,000
② (차) 외상매입금 200,000 (대) 당 좌 예 금 200,000
③ (차) 현 금 100,000 (대) 상 품 100,000

6 거래를 최초로 기입하는 장부는 분개장이다.

08 전표회계

기본문제 08

1

No	차변과목	금 액	대변과목	금 액
(1)	현 금	5,000,000	단 기 차 입 금	5,000,000
(2)	복 리 후 생 비	50,000	현 금	50,000
(3)	단 기 대 여 금	150,000	당 좌 예 금	150,000
(4)	외 상 매 출 금	70,000	상 품	70,000
	운 반 비	3,000	현 금	3,000
(5)	받 을 어 음	700,000	외 상 매 출 금	700,000
	현 금	300,000	외 상 매 출 금	300,000

■ (5)번 거래는 일부입금 거래로 대변 금액을 차변에 따라 분류하면 전표에 기입할 때 편리하다.

(1)	입금전표
	단기차입금 5,000,000

(2)	출금전표
	복리후생비 50,000

(3)	대체전표
	단기대여금 150,000 | 당좌예금 150,000

(4)	대체전표
	외상매출금 70,000 | 상 품 70,000

(4)
출금전표
운 반 비 3,000

(5)
대체전표	
받을어음 700,000	외상매출금 700,000

(5)
입금전표
외상매출금 300,000

2

No	차변과목	금 액	대변과목	금 액
(1)	차 량 유 지 비	250,000	현 금	250,000
(2)	급 여	3,200,000	보 통 예 금	3,200,000
(3)	현 금	300,000	임 대 료	300,000
(4)	비 품	1,500,000	미 지 급 금	1,500,000
	비 품	30,000	현 금	30,000
(5)	상 품	500,000	지 급 어 음	500,000
	상 품	400,000	현 금	400,000

■ (4)번 거래에서 비품 구입할 때 지급한 운임은 비품에 포함하며, 현금지급이 된 부분은 차변금액을 대변에 따라 분류하면 전표에 기입할 때 편리하다.

(5)번 거래는 일부출금 거래로 차변 금액을 대변에 따라 분류하면 전표에 기입할 때 편리하다.

(1)
출금전표
차량유지비 250,000

(2)
대체전표	
급 여 3,200,000	보통예금 3,200,000

(3)
입금전표
임 대 료 300,000

(4)
대체전표	
비 품 1,500,000	미지급금 1,500,000

(4)
출금전표
비 품 30,000

(5)
대체전표	
상 품 500,000	지급어음 500,000

(5)
출금전표
상 품 400,000

검정문제 08

1 ④	2 ④	3 ③	4 ①	5 ④

[보충설명]

1 입금전표, 출금전표, 대체전표를 3전표제라 하며, 매입전표와 매출전표를 추가하면 5전표제라 한다.

2 (차) 상 품 250,000　　(대) 외상매입금 250,000
즉, 현금의 수입과 지출이 없으므로 대체전표이다.

3 (차) 외상매입금 350,000　　(대) 현 금 150,000
　　　　　　　　　　　　　　지급어음 200,000

즉, 현금 ₩150,000이 지출된 부분은 출금전표이고, 지급어음 ₩200,000인 부분은 내체선표이다.

4 입금전표는 현금이 차변(왼쪽)이다.

5 3전표제란 입금전표, 출금전표, 대체전표를 말한다.

09 총계정원장과 전기

기본문제 09

1 (1)

현 금			
3/ 2 자 본 금	500,000		

자 본 금			
		3/ 2 현 금	500,000

(2)

현 금			
3/ 2 자 본 금	500,000	3/ 5 상 품	50,000

상 품			
3/ 5 제 좌	200,000		

외상매입금			
		3/ 5 상 품	150,000

(3)

외상매입금			
3/13 지급어음	150,000	3/ 5 상 품	150,000

지급어음			
		3/13 외상매입금	150,000

(4)

현　금

3/ 2	자 본 금	500,000	3/ 5	상　품	50,000
19	제　좌	130,000			

외상매출금

3/19	제　좌	120,000

상　품

3/5	제　좌	200,000	3/19	제　좌	200,000

상품매출이익

		3/19 제　좌	50,000

(5)

현　금

3/ 2	자 본 금	500,000	3/ 5	상　품	50,000
19	제　좌	130,000	3/24	복리후생비	30,000

복리후생비

3/24	현　금	30,000

2

날짜	차변과목	금　액	대변과목	금　액
6/ 3	현　금	2,500,000	자 본 금	2,500,000
8	보 통 예 금	2,000,000	단 기 차 입 금	2,000,000
11	상　품	850,000	보 통 예 금 외 상 매 입 금	500,000 350,000
16	외 상 매 입 금	300,000	현　금	300,000
18	외 상 매 출 금	1,100,000	상　품 상품매출이익	800,000 300,000
23	보 통 예 금	600,000	외 상 매 출 금	600,000

현　금　(1)

6/ 3	자 본 금	2,500,000	6/16	외상매입금	300,000

보통예금　(2)

6/ 8	단기차입금	2,000,000	6/11	상　품	500,000
23	외상매출금	600,000			

외상매출금　(3)

6/18	제　좌	1,100,000	6/23	보통예금	600,000

상　품　(4)

6/11	제　좌	850,000	6/18	외상매출금	800,000

외상매입금　(5)

6/16	현　금	300,000	6/11	상　품	350,000

단기차입금　(6)

		6/8 보통예금	2,000,000

자 본 금　(7)

		6/3 현　금	2,500,000

상품매출이익　(8)

		6/18 외상매출금	300,000

3

날짜	차변과목	금　액	대변과목	금　액
6/ 3	현　금	2,500,000	자 본 금	2,500,000
8	보 통 예 금	2,000,000	단 기 차 입 금	2,000,000
11	상　품	850,000	보 통 예 금 외 상 매 입 금	500,000 350,000
16	외 상 매 입 금	300,000	현　금	300,000
18	외 상 매 출 금	1,100,000	상　품 상품매출이익	800,000 300,000
23	보 통 예 금	600,000	외 상 매 출 금	600,000

4

No	차변과목	금　액	대변과목	금　액
(1)	현　금	300,000	상　품	300,000
(2)	당 좌 예 금	500,000	받 을 어 음	500,000
(3)	외 상 매 입 금	254,000	현　금	254,000
(4)	도 서 인 쇄 비	32,800	보 통 예 금	32,800

5 (1) 현금 ₩500,000을 출자하여 영업을 개시하다.
(2) 통신비 ₩38,600을 현금으로 지급하다.
(3) 상품 ₩290,000을 외상으로 매입하다.
(4) 원가 ₩50,000의 상품을 ₩80,000에 외상으로 매출하다.

검정문제 09

1 ②　　　2 ②　　　3 ①　　　4 ③

[보충설명]

1 (차) 보 통 예 금　80,000　(대) 외상매출금　80,000
2 (차) 외상매입금　160,000　(대) 지 급 어 음　160,000
3 (차) 상　품　50,000　(대) 현　금　30,000
　　　　　　　　　　　　　　　　외상매입금　20,000

상　품

제　좌	50,000			

현　금

		상　품	30,000

외상매입금

		상　품	20,000

4. 자산, 부채, 자본의 증감변화를 거래라 하고, 분개를 총
   계정원장에 옮기는 것을 전기라 하며, 계정에서 계정으
   로 옮기는 것을 대체라 한다.

⑩ 결 산

기본문제 10

1

합 계 시 산 표

차변	원면	계정과목	대변
240,000	1	현 금	30,000
50,000	2	외 상 매 출 금	20,000
80,000	3	상 품	50,000
50,000	4	외 상 매 입 금	90,000
20,000	5	지 급 어 음	40,000
	6	자 본 금	200,000
	7	상 품 매 출 이 익	20,000
10,000	8	급 여	
450,000			450,000

잔 액 시 산 표

차변	원면	계정과목	대변
210,000	1	현 금	
30,000	2	외 상 매 출 금	
30,000	3	상 품	
	4	외 상 매 입 금	40,000
	5	지 급 어 음	20,000
	6	자 본 금	200,000
	7	상 품 매 출 이 익	20,000
10,000	8	급 여	
280,000			280,000

2

합 계 잔 액 시 산 표

차변		원면	계정과목	대변	
잔 액	합 계			합 계	잔 액
70,000	190,000	1	현 금	120,000	
50,000	90,000	2	외 상 매 출 금	40,000	
30,000	70,000	3	받 을 어 음	40,000	
200,000	280,000	4	상 품	80,000	
1,000,000	1,000,000	5	건 물		
	60,000	6	외 상 매 입 금	460,000	400,000
	120,000	7	단 기 차 입 금	320,000	200,000
		8	자 본 금	(700,000)	(700,000)
		9	상품매출이익	210,000	210,000
120,000	120,000	10	급 여		
24,000	24,000	11	보 험 료		
16,000	16,000	12	세금과공과		
1,510,000	1,970,000			1,970,000	1,510,000

3

잔 액 시 산 표

현 금	60,000	단 기 차 입 금	90,000
단 기 대 여 금	10,000	외 상 매 입 금	50,000
외 상 매 출 금	50,000	미 지 급 금	20,000
상 품	70,000	자 본 금	(70,000)
비 품	80,000	상 품 매 출 이 익	60,000
급 여	16,000	임 대 료	20,000
세 금 과 공 과	10,000		
보 험 료	8,000		
이 자 비 용	6,000		
	310,000		310,000

4 (1) 시산표

(2) 합계시산표, 잔액시산표, 합계잔액시산표

(3) 자산, 비용, 부채, 자본, 수익

(4) 기말부채, 기초자본, 총수익

5

정산표

권나은 상사		20××년 1월 1일부터 20××년 12월 31일까지			(단위 : 원)	

계 정 과 목	잔 액 시 산 표 차 변	잔 액 시 산 표 대 변	손 익 계 산 서 차 변	손 익 계 산 서 대 변	재 무 상 태 표 차 변	재 무 상 태 표 대 변
현 금	60,000				60,000	
단기대여금	10,000				10,000	
외상매출금	50,000				50,000	
상 품	70,000				70,000	
비 품	80,000				80,000	
단기차입금		90,000				90,000
외상매입금		50,000				50,000
미 지 급 금		20,000				20,000
자 본 금		(70,000)				(70,000)
상품매출이익		60,000		60,000		
임 대 료		20,000		20,000		
급 여	16,000		16,000			
세금과공과	10,000		10,000			
보 험 료	8,000		8,000			
이 자 비 용	6,000		6,000			
당 기 순 이 익			**40,000**			40,000
	310,000	310,000	80,000	80,000	270,000	270,000

6

정산표

현숙 상사		20××년 1월 1일부터 20××년 12월 31일까지			(단위 : 원)	

계 정 과 목	잔 액 시 산 표 차 변	잔 액 시 산 표 대 변	손 익 계 산 서 차 변	손 익 계 산 서 대 변	재 무 상 태 표 차 변	재 무 상 태 표 대 변
현 금	480,000				480,000	
외상매출금	520,000				520,000	
상 품	600,000				600,000	
건 물	400,000				400,000	
외상매입금		260,000				260,000
지 급 어 음		600,000				600,000
자 본 금		1,200,000				1,200,000
상품매출이익		620,000		620,000		
수수료수익		60,000		60,000		
급 여	380,000		380,000			
임 차 료	300,000		300,000			
보 험 료	20,000		20,000			
잡 손 실	40,000		40,000			
당 기 순 손 실				**60,000**	60,000	
	2,740,000	2,740,000	740,000	740,000	2,060,000	2,060,000

검정문제 10

1 ④	2 ①	3 ④	4 ③	5 ②
6 ①	7 ④	8 ②	9 ③	

[보충설명]

1 손익계산서계정마감은 결산의 본 절차에 해당한다.

2 시산표작성은 결산의 예비절차이고, 재무상태표 작성과 손익계산서작성은 결산보고서(재무제표)작성절차에 해당한다.

3 금액오류만 검증할 수 있다.

4 자산과 비용은 잔액이 차변에 발생하며, 받을어음이 자산이다.

5 부채, 자본, 수익은 잔액이 대변에 발생하며, (가)의 계정은 대변잔액이 ₩70,0000이고, 미지급금이 부채계정이다.

6 ㉠ 7,400 + 2,700 = A(10,100)

㉡ 9,250 − 6,500 = B(2,750)

7 시산표 등식은 [기말자산 + 총비용 = 기말부채 + 기초자본 + 총수익]이다.

8 정산표는 잔액시산표를 기초로 작성된다.

9 ③ 대부분 일치하는 것이 아니고, 항상 일치해야 한다.

11 총계정원장의 마감

기본문제 11

1

상품매출이익		이자수익	
손 익 70,000	70,000	손 익 30,000	30,000

급 여		통 신 비	
35,000	손 익 35,000	20,000	손 익 20,000

임 차 료		도서인쇄비	
12,000	손 익 12,000	18,000	손 익 18,000

손 익			
급 여	35,000	상품매출이익	70,000
통 신 비	20,000	이 자 수 익	30,000
임 차 료	12,000		
도 서 인 쇄 비	18,000		
자 본 금	15,000		
	100,000		100,000

자 본 금	
	500,000
손 익 15,000	

No.	구 분	차변과목	금액	대변과목	금액
(1)	수익계정 대체분개	상품매출이익 이 자 수 익	70,000 30,000	손　　　익	100,000
(2)	비용계정 대체분개	손　　　익	85,000	급　　　여 통 신 비 임 차 료 도서인쇄비	35,000 20,000 12,000 18,000
(3)	당기순이익 대체분개	손　　　익	15,000	자 본 금	15,000

2

상품매출이익
손익 200,000	200,000

수수료수익
손익 120,000	120,000

급　여
140,000	손익 140,000

복리후생비
80,000	손익 80,000

광고선전비
48,000	손익 48,000

기 부 금
72,000	손익 72,000

손　익
급　　　여 140,000	상품매출이익 200,000
복 리 후 생 비 80,000	수 수 료 수 익 120,000
광 고 선 전 비 48,000	자 본 금 20,000
기 부 금 72,000	
340,000	340,000

자 본 금
손 익 20,000	2,000,000

No.	구 분	차변과목	금액	대변과목	금액
(1)	수익계정 대체분개	상품매출이익 수 수 료 수 익	200,000 120,000	손　　　익	320,000
(2)	비용계정 대체분개	손　　　익	340,000	급　　　여 복리후생비 광고선전비 기 부 금	140,000 80,000 48,000 72,000
(3)	당기순손실 대체분개	자 본 금	20,000	손　　　익	20,000

3

상품매출이익
손익 160,000	160,000

임 대 료
손익 24,000	24,000

급　여
120,000	손익 120,000

보 험 료
20,000	손익 20,000

소모품비
13,000	손익 13,000

자 본 금
	300,000
	손익 31,000

손　익
급　　　여 120,000	상품매출이익 160,000
보 험 료 20,000	임 대 료 24,000
소 모 품 비 13,000	
자 본 금 31,000	
184,000	184,000

No.	구 분	차변과목	금액	대변과목	금액
(1)	수익계정 대체분개	상품매출이익 임 대 료	160,000 24,000	손　　　익	184,000
(2)	비용계정 대체분개	손　　　익	153,000	급　　　여 보 험 료 소 모 품 비	120,000 20,000 13,000
(3)	당기순이익 대체분개	손　　　익	31,000	자 본 금	31,000

손 익 계 산 서
급　　　여 120,000	상품매출이익 160,000
보 험 료 20,000	임 대 료 24,000
소 모 품 비 13,000	
당 기 순 이 익 **31,000**	
184,000	184,000

4

현 금 (1)
1,450,000	530,000
	차기이월 **920,000**
1,450,000	1,450,000
전기이월 920,000	

외상매출금 (2)
300,000	100,000
	차기이월 **200,000**
300,000	300,000
전기이월 200,000	

상　품 (3)
500,000	250,000
	차기이월 **250,000**
500,000	500,000
전기이월 250,000	

비 품 (4)

	200,000	차기이월	**200,000**
전기이월	200,000		

외상매입금 (5)

	350,000		600,000
차기이월	**250,000**		
	600,000		600,000
		전기이월	250,000

단기차입금 (6)

차기이월	**300,000**		300,000
		전기이월	300,000

자 본 금 (7)

차기이월	**1,020,000**		1,000,000
		손 익	20,000
	1,020,000		1,020,000
		전기이월	1,020,000

이 월 시 산 표

차변	원면	계정과목	대변
920,000	1	현 금	
200,000	2	외 상 매 출 금	
250,000	3	상 품	
200,000	4	비 품	
	5	외 상 매 입 금	250,000
	6	단 기 차 입 금	300,000
	7	자 본 금	1,020,000
1,570,000			1,570,000

5

현 금 (1)

	398,000		85,000
		잔 액	313,000
	398,000		398,000
개시잔액	313,000		

단기매매증권 (2)

	327,000		120,000
		잔 액	207,000
	327,000		327,000
개시잔액	207,000		

상 품 (3)

	405,000		240,000
		잔 액	165,000
	405,000		405,000
개시잔액	165,000		

외상매입금 (4)

	240,000		375,000
잔 액	135,000		
	375,000		375,000
		개시잔액	135,000

자 본 금 (5)

잔 액	550,000		450,000
		손 익	100,000
	550,000		550,000
		개시잔액	550,000

잔 액

현 금	313,000	외 상 매 입 금	135,000
단 기 매 매 증 권	207,000	자 본 금	550,000
상 품	165,000		
	685,000		685,000

No.	구 분	차변과목	금액	대변과목	금액
(1)	자산계정 대체분개	잔 액	685,000	현 금 단기매매증권 상 품	313,000 207,000 165,000
(2)	부채·자본 계정 대체분개	외 상 매 입 금 자 본 금	135,000 550,000	잔 액	685,000

6

현 금			(1)
500,000		320,000	
		차기이월	**180,000**
500,000		500,000	
전기이월	180,000		

외상매출금			(2)
300,000		170,000	
		차기이월	**130,000**
300,000		300,000	
전기이월	130,000		

건 물			(3)
300,000		차기이월	**300,000**
전기이월	300,000		

외상매입금			(4)
50,000		150,000	
차기이월	**100,000**		
150,000		150,000	
		전기이월	100,000

단기차입금			(5)
차기이월	**50,000**	50,000	
		전기이월	50,000

자 본 금			(6)
차기이월	**460,000**	450,000	
		손 익	10,000
460,000		460,000	
		전기이월	460,000

상품매출이익			(7)
손 익	300,000	300,000	

이자수익			(8)
손 익	50,000	50,000	

광고선전비			(9)
200,000	손 익	200,000	

보 험 료			(10)
140,000	손 익	140,000	

손 익			
광 고 선 전 비	200,000	상품매출이익	300,000
보 험 료	140,000	이 자 수 익	50,000
자 본 금	10,000		
350,000		350,000	

이 월 시 산 표

차변	원면	계정과목	대변
180,000	1	현 금	
130,000	2	외 상 매 출 금	
300,000	3	건 물	
	4	외 상 매 입 금	100,000
	5	단 기 차 입 금	50,000
	6	자 본 금	460,000
610,000			610,000

No.	구 분	차변과목	금액	대변과목	금액
(1)	수익계정 대체분개	상품매출이익	300,000	손 익	350,000
		이 자 수 익	50,000		
(2)	비용계정 대체분개	손 익	340,000	광 고 선 전 비	200,000
				보 험 료	140,000
(3)	당기순이익 대체분개	손 익	10,000	자 본 금	10,000

재 무 상 태 표

멘토상회　　20××년 12월 31일까지　　(단위 : 원)

자 산	금 액	부채 · 자본	금 액
현금및현금성자산	180,000	매 입 채 무	100,000
매 출 채 권	130,000	단 기 차 입 금	50,000
건 물	300,000	자 본 금	450,000
		당 기 순 이 익	10,000
	610,000		610,000

손 익 계 산 서

멘토상회　20××년 1월 1일부터 20××년 12월 31일까지　(단위 : 원)

비 용	금 액	수 익	금 액
광 고 선 전 비	200,000	상 품 매 출 이 익	300,000
보 험 료	140,000	이 자 수 익	50,000
당 기 순 이 익	**10,000**		
350,000		350,000	

[물음]

(1) ₩450,000　　　　(2) ₩610,000

(3) ₩150,000　　　　(4) ₩460,000

(5) ₩350,000　　　　(6) ₩340,000

(7) ₩10,000

검정문제 11

1 ③	2 ④	3 ④	4 ③	5 ①

[보충설명]

1 총계정원장의 마감순서는 (수익, 비용) → (손익) → (자산, 부채, 자본)순서로 마감된다.

2 손익계정에는 수익과 비용이 들어가며, 현금은 자산계정이다.

3 자산, 부채, 자본계정을 영미식 결산법에서는 차기이월로 마감하고, 대륙식 결산법에서는 잔액으로 마감한다.

4 총계정원장의 마감순서는 수익, 비용계정의 마감 → 손익계정 마감 → 자산, 부채, 자본계정 마감 → 이월시산표 작성 → 재무상태표와 손익계산서 작성 순서로 이루어 진다.

5 광고선전비는 비용계정이며, 수익과 비용계정은 손익으로 마감한다.

12 장부와 재무제표

기본문제 12

1 (1) 주요부, 보조부

(2) 분개장, 총계정원장, 보조기입장, 보조원장

(3) 상품재고장, 매출처원장, 매입처원장, 당좌예금출납장, 매출장, 지급어음기입장

2

재 무 상 태 표

종국상점	20××년 12월 31일까지			(단위 : 원)
자 산	금 액	부채·자본		금 액
현금및현금성자산	120,000	단 기 차 입 금		180,000
단 기 투 자 자 산	20,000	매 입 채 무		100,000
매 출 채 권	100,000	미 지 급 금		40,000
상 품	140,000	자 본 금		160,000
비 품	160,000	당 기 순 이 익		60,000
	540,000			540,000

손 익 계 산 서

종국상점	20××년 1월 1일부터 20××년 12월 31일까지			(단위 : 원)
비 용	금 액	수 익		금 액
급 여	32,000	상품매출이익		120,000
세 금 과 공 과	20,000	임 대 료		20,000
보 험 료	16,000			
이 자 비 용	12,000			
당 기 순 이 익	**60,000**			
	140,000			140,000

3

손 익 계 산 서

민주상점	20××년 1월 1일부터 20××년 12월 31일까지			(단위 : 원)
비 용	금 액	수 익		금 액
급 여	1,000,000	상 품 매 출 이 익		2,250,000
보 험 료	280,000	수 수 료 수 익		270,000
통 신 비	480,000			
수 도 광 열 비	240,000			
복 리 후 생 비	320,000			
당 기 순 이 익	**200,000**			
	2,520,000			2,520,000

재 무 상 태 표

민주상점	20××년 12월 31일까지			(단위 : 원)
자 산	금 액	부채·자본		금 액
현금및현금성자산	1,360,000	매 입 채 무		2,488,000
매 출 채 권	1,600,000	미 지 급 금		912,000
단 기 투 자 자 산	660,000	자 본 금		2,580,000
상 품	840,000	당 기 순 이 익		200,000
건 물	720,000			
	6,180,000			6,180,000

[보충설명]

기말자본금(2,780,000) − 당기순이익(200,000)
= 기초자본금 (2,580,000)

검정문제 12

1 ①	2 ①	3 ④	4 ③	5 ①

[보충설명]

1 계정들을 모아놓은 주요부를 총계정원장이라 한다.

2 주요부에는 분개장과 총계정원장이 있다.

3 현금출납장은 보조기입장이다.

4 재무제표에는 재무상태표, 손익계산서, 현금흐름표, 자본변동표에 주석을 포함한다.

5 손익계산서의 기본요소는 수익과 비용이다.

Memo

Memo

Memo

Memo

Memo